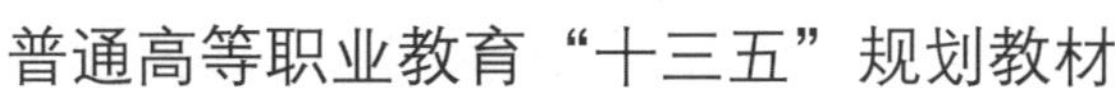

普通高等职业教育“十三五”规划教材

跨境电子商务专业（方向）成果导向·行动学习系列教材

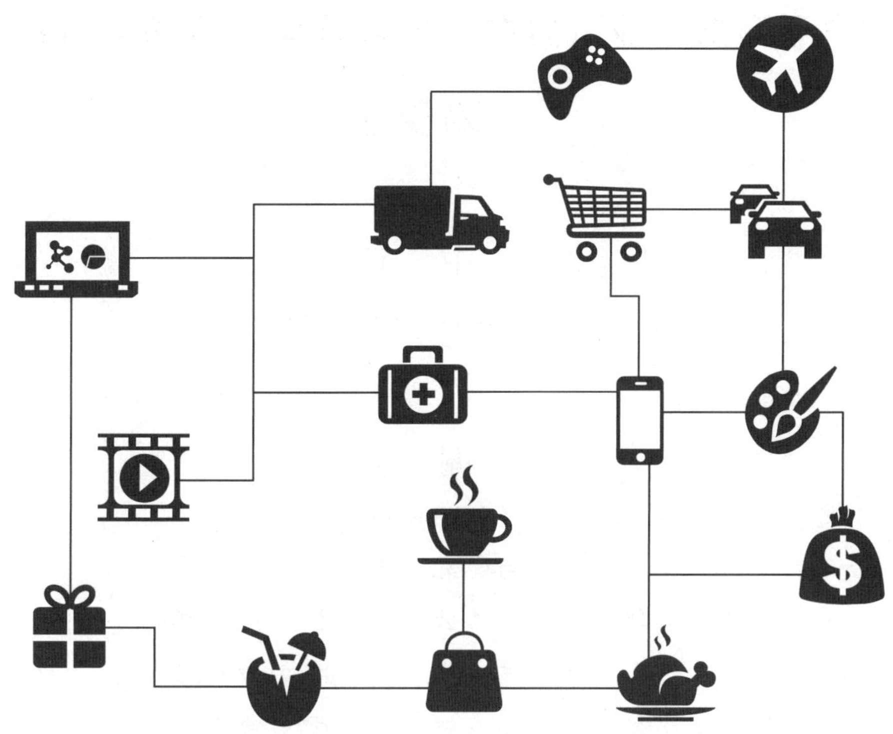

跨境电商客服

KUAJING DIANSHANG KEFU

主　编　韩　雪

副主编　崔夷修　徐文瑞

中国人民大学出版社

·北京·

总　序

综观21世纪全球教育创新的实践可以发现，成果导向教育（outcomes-based education，OBE）理念在1981年由斯帕迪（Spady W.）率先提出，目前已经形成了比较完整的理论体系，并且呈现不同的实践类型，例如全球基于认证的成果导向工程教育实践类型、美国基于学历资格框架（DQP）的成果导向高等教育实践类型、欧盟基于高等教育区资格框架和调优（Tuning）的成果导向高等教育实践类型、澳大利亚和英国基于国家资格框架（AQF、QCF）的成果导向职业教育实践类型等。

英国“博洛尼亚进程”研究专家斯蒂芬·亚当（Stephen Adam）认为，成果导向是教育的一种新范式，是追求卓越教育的正确方向。正因为如此，我国向国际工程联盟大会积极申请成为《华盛顿协议》的正式成员，并于2016年6月2日获得了批准，这标志着我国工程教育专业认证从形式和内容上由输入与过程导向开始向成果导向转化。另外，2012年10月，中国政府和欧盟委员会共同启动了中欧调优联合研究项目，在项目第一阶段选择了管理学、土木工程学和比较教育学三个专业进行试点研究，旨在推动中国高等教育向成果导向教育这一新范式转化。

在中国高职教育领域，自2016年年底以来，以成果导向教育为核心理念的《悉尼协议》逐步成为我国高职教育有关专家、学者讨论的热点和焦点。通过知网以“悉尼协议”为关键词进行检索，截至2018年7月6日，共找到51篇有关文章，其中2017年20篇、2018年22篇；出版的相关著作有3部：严中华编著《国外职业教育核心理念解读——学习成果导向职业教育课程开发理论与实践》（2017，清华大学出版社）、何静编著《基于DQP成果导向的人才培养探索与实践：美国学历资格框架中国化的应用实践》（2017，中山大学出版社）、王晓典等著《成果导向高职课程开发》（2016，高等教育出版社）；通过百度进行有关搜寻，发现近一年来在全国以《悉尼协议》认证标准及其核心理念为主题的大大小小研讨会超过百场。究其动因包括以下三方面：

第一，经济全球化不断发展和我国“一带一路”“国际产能合作”等产业发展战略，需要高等（职业）教育提高人才培养质量和人才的国际流动能力。高等（职业）教育在专业建设上对接国际相关标准，参与国际认证成为必然趋势。

第二，教育部发布的《高等职业教育创新发展行动计划（2015—2018年）》提出，开展优质学校建设，实质性扩大国际交流合作，争创国际先进水平；引进境外优质资源，支持专科高等职业院校学习和引进国际先进成熟适用的职业标准、专业课程、教材体系和数字化教育资源。上述要求，使得《悉尼协议》认证标准及其核心理念成为高等职业教育理论界和实践者探讨的热点话题之一。

第三，《悉尼协议》是工程教育与工程师国际互认体系的重要组成部分，主要针对学制三年培养工程技术专家的工程技术教育，与我国高职教育的人才培养规格相匹配；《悉尼协议》所提出的“以学生为中心、以成果为导向、质量持续改进”的理念和体系化构建、常态化监测、第三方质量评价的专业建设范式，对当前中、高、本衔接，内部质量体系构建，专业教育和素质教育一体化融入课程，产教融合，学分制改革以及新一轮的示范院校（优质院校）建设面对的困境和挑战带来了新思路、新路径和新工具，对高职（工程）教育专业的建设具有很强的指导性和适用性。

当然，2016年发生的以下两大事件也较大地影响和推动了《悉尼协议》有关研讨活动的开展：一是2016年6月2日，国际工程联盟大会一致同意我国成为《华盛顿协议》的正式成员；二是2016年12月26—27日，“《悉尼协议》应用研究高职院校联盟”在南京信息职业技术学院成立。

广东科学技术职业学院一直践行“理念保持先进、实践逐步推进”的高职教育改革策略，在课程开发创新的道路上进行了不懈的努力。特别是其外贸与旅游学院国际经济与贸易（跨境电商）专业，自2015年有幸被广东省列入优质院校“高水平建设专业”以来，更是进一步加强与国际专业认证标准对接工作。具体而言，微观上立足“工作过程导向”、宏观上立足《悉尼协议》核心理念——“学习成果导向”，开展跨境电商专业的课程开发与实施工作。2016年12月—2017年9月，跨境电商专业的教职员工多次参加由广东省高职教育管理类专业教学指导委员会、广东省高职教育公共事业与管理分指委主办的“基于《悉尼协议》核心理念的品牌专业建设战略思考”高峰论坛和“基于DQP学分制成果导向理念与课程设计”实操专题研修班学习；2017 年 3 月 22 日，跨境电商专业基于《悉尼协议》核心理念以及 DQP 成果导向的教学与课程改革专业委员会成立，并且与中国人民大学出版社以及相关行业企业签订了共同开发和出版“跨境电子商务专业（方向）成果导向·行动学习系列教材”协议书。在多方的合作努力下，历经一年多，本套教材终于付梓出版。此时，作为本套教材的总主编，现对本套教材的特点做以下梳理，以便广大读者更好地使用。

1. “术”与“道”的结合

本套教材的最大特点是力图将“术”的培训和“道”的培养紧密结合起来。前者主要是满足跨境电子商务专业学生从事当前职业就业岗位对技术技能水平资格的要求，后者主要是满足跨境电子商务专业学生个性发展和终身学习诉求的需要。

高等教育教学用书必须解决“教什么”和“如何教”两大问题。纵观世界职业教育发展的历史可知，职业教育与学科教育的最大差别是：前者强调“教职业任务”而不是“教学科知识”，重点诉求“做中学”即“行动学习”而不是“学中做”。目前，开发“任务”课程与教材有两种模式：一是 20 世纪 60 年代末由加拿大区域经济发展部开发的 DACUM 模式，其主要是针对职业资格培训的工作任务分析模式。本套教材采用该方法，其目的是梳理出以任务形式描述的胜任跨境电子商务各就业岗位能力的培训主模块和次单元，其最终结果形成了每本教材前几个项目基于 DACUM 职业技能培训的编写结构。二是 20 世纪 90 年代由德国不来梅大学技术与教育研究所（ITB）开发的 BAG 模式，其主要是针对综合职业行动能力教育的典型工作任务分析模式。本套教材采用该方法，其目的是梳理出跨境电子商务职业的典型工作任务，并对此进行教学情境设计，形成一系列学习性项目，其最终结果形成了每本教材后几个项目基于 BAG 职业行动能力教育的编写结构。DACUM 模式能解决单项技能的培训问题，而 BAG 模式不仅仅如此，其更关注的是跨职业核心能力的培养。因此，本套教材借助 DACUM 和 BAG 两种课程开发模式，实现跨境电子商务专业学生“术”的培训和“道”的教育的结合。

2. “成果导向”与“行动学习”的结合

澳大利亚学者约翰·比格斯（John Biggs）教授（1999 年，2003 年，2014 年）提出了“建构性对准”（constructive alignment）的理念和原理，成为实施成果导向教育各高等（职业）院校教师们开发课程及其教学大纲和教材的基本原理。

“建构性对准”包括两个方面：第一，教师将课程中的教学与学习活动、评估活动与预期学习成果精确对准而开展设计，并且课程预期学习成果精确对准专业的学习成果。第二，学生在其开展的学习活动中即“行动学习”中建构意义。换句话说，教与学的质量并不是通过课程受欢迎程度来衡量，而是体现在该课程如何让学生通过学习活动和评估任务来达到预期的学习成果。对于高职院校而言，“行动学习”成为重要的教与学活动，充分体现高职教育培养高素质技术技能型人才培养规律的要求。本套教材充分运用“建构性对准”原理和工具，实现跨境电子商务专业课程教材编写“成果导向”与“行动学习”的结合。

3. 学校和行业企业的结合

本套教材编写从构思、开发到实施，每一阶段所取得的成果，都是校企双主体共同努力的结果。我们依托广东省跨境电子商务协会、佛山橙道网商会、珠海市外贸电子商务商会、珠海双业电子科技有限公司、深圳他拍档电子商务有限公司、JX首饰有限公司、珠海市华源电子有限公司、广东巨人电子商务有限公司等，就本套教材的编写形式和内容开展多次调研和访谈，使本套教材的内容以及学习情境和学习项目的设计能与跨境电子商务行业先进的标准对接。

“他山之石，可以攻玉。”希望“跨境电子商务专业（方向）成果导向·行动学习系列教材”不但能成为跨境电子商务专业开展“行动学习”教学实践的用书和服务社会的培训教材，也能为拟基于《悉尼协议》核心理念——学习成果导向开展专业与课程开发以及教材建设的相关高职教育专业提供有益的借鉴。

学习成果导向课程开发及其教材建设是高职教育的最新理论与实践领域，加上编者水平有限，本套教材难免存在许多不足之处，敬请读者朋友批评指正。

是为序！

广东省人才开发与管理研究会副会长

广东省高等职业教育管理类专业教学指导委员会副主任委员

麦迪士国际职业教育研究与评估中心主任

广东科学技术职业学院国际合作学院院长

严中华教授

2018年7月6日

前　言

当我第一次想到要着手编写《跨境电商客服》一书的时候，还没有几所高职院校开设这样一门课程，市面上也没有类似的书籍。那时，“跨境电商”在大部分院校还没有成为一个专业或方向，学生们对于跨境电商客服的认识或许仅仅来源于《跨境电子商务》教材的某一个章节。当我教过的国贸专业毕业生们越来越多地提出跨境电商客服相关问题的时候，我意识到了仅仅一个章节的内容是远远不够的。

目前，我国跨境电商持续快速增长，已形成初具规模、产业链完整且相对成熟的跨境电商行业，具有大量创业型跨境电商中小型企业、转型期的传统外贸企业以及跨境电商代运营服务企业等。随着跨境电商行业不断发展，跨境电商企业销售的产品品类和销售市场更加多元化，兼具国际贸易和电子商务特征的跨境电子商务企业对人才的综合性需求较强，人才缺口逐渐显现。也许你会问：跨境电商客服难道不是和国内电商客服一样吗？只要英语流利就完全可以胜任了吧？实际上，经过对珠三角地区多个城市跨境电商行业协会以及各种类型跨境电商企业的调研，我们发现跨境电商客服人员不仅仅是“懂英语”的淘宝客服，而更类似于“升级版”的外贸业务员，他们是企业面向境外客户的重要窗口，他们的跨文化交际水平与营销水平直接影响着企业的利益。

我国在《国家中长期教育改革与规划发展纲要（2010—2020 年）》中提出教育国际化，培养具有国际视野、通晓国际规则、能够参与国际事务和国际竞争的国际化人才。高职教育对接国际标准、参与国际认证已成为必然趋势。《悉尼协议》是针对接受三年制高等教育培养的工程技术教育的认证，与我国高等职业教育较为贴近。加入《悉尼协议》顺应了经济全球化、人才国际化的潮流。《悉尼协议》的核心理念是以学生为中心、以结果为导向、倡导持续改进。基于成果导向教育理念，系统整合岗位工作内容，开发高职教材，符合《悉尼协议》的核心理念。本书根据当前最新的跨境电商客服岗位能力标准与技能要求，采用 DACUM（Developing A Curriculum）和 BAG（Berufliche Arbeitsaufgaben）两种职业教育教材开发方法对跨境电商客服工作理论与技能学习内容进行开发。DACUM 开发模式主要针对职业岗位的工作任务分析，依据这种模式梳理出以任务形式描述的胜任跨境电商客服岗位能力的主要项目及其子任务。BAG 开发模式是综合职业行动能力教育的典型工作任务分析模式，通过这一模式梳理出跨境电商客服的典型工作任务，并对此进行教学情境设计，形成一系列学习性项目。同时，遵循成果导向职业教育理念，从职业能力、方法能力、社会能力和对核心领域知识的融合与应用能力等角度对跨境电商客服所需职业能力进行分析与梳理，确定预期学习成果，尤其注重对学生的跨文化交际意识、学习能力、创新意识和创新能力的培养，满足学生多样化、个性化、国际化成长的需求，为培养掌握国际贸易与跨境电子商务知识，具备外语基本技能、跨文化沟通能力和国际化视野的复合型涉外商务人才提供支持。

鉴于企业界和学术界对跨境电商客服的理解还存在着一定的差异，本书根据大量调研结果，梳理跨境电商客服岗位典型工作任务及职业能力要求，按照跨境电商客服工作流程编排内容，覆盖 B2B 及 B2C 跨境电商客服岗位所需知识和技能。导论对跨境电商客服岗位的行动领域和学习领域进行了系统的阐述，并简要介绍了基于 DACUM 职业技能培训的课程设计和基于 BAG 职业行动能力的学习领域设计；项目一介绍了跨境电商客服人员常用的辅助沟通工具及使用技巧，同时对我国跨境电商主流客源国客户特点及跨文化商务交际进行了介绍；项目二主要从 B2B 外贸企业工作人员的角度介绍了寻找客户资源及撰写开发信的技巧；项目三描述了 B2B 岗位的询盘处理技巧及 B2C 岗位的咨询解答技巧；项目四既包括处理差评、处理纠纷等平台店铺客服的常见任务，又包括建立客户信息库等维护客户关系的方式方法等；项目五和项目六分别从 B2B 和 B2C 平台店铺客户服务的角度设计了不同订单的客户服务任务。同时，本书还提供了高质量的案例分析材料、实操案例以及实操训练题等以提升学生的实践能力。本书不仅适用于 B2B 跨境电商客服岗位，还适用于 B2C 跨境电商客服岗位；不仅适用于国际经济与贸易专业教学，也适用于电子商务专业教学。

本书的编写分工如下：导论、项目一的任务一、项目二、项目三、项目五和项目六由韩雪编写，项目四由崔夷修编写，项目一的任务二由徐文瑞编写。深圳他拍档电子商务有限公司副总监程浩和 JX 首饰有限公司总经理马克曾为本书的编写提出了宝贵的建议。在编写过程中，我们参阅了大量的资料及网络信息，有的资料几经转载无法找到原作者，未能一一列出，在此一并表示真挚的谢意。最后感谢我的家人在编写过程中给予我的理解和支持。

限于时间和水平，本书难免有疏漏或不妥之处，欢迎使用本书的读者朋友们随时来函指正，以便修订时使之更臻完善。

主　编

2018 年 6 月

目录 Contents

导论

跨境电商客服学习领域

本书是国际经济与贸易专业、国际商务专业、商务英语专业、电子商务专业跨境电子商务方向的教学用书之一。跨境电商客服是构成跨境电商企业核心竞争力的重要因素，是产品销售的延伸，也是提高客户体验质量的关键。

本书选取跨境电商实战过程中的真实工作任务，以阿里巴巴全球速卖通、阿里巴巴国际站、亚马逊等作为平台，根据跨境电商客服专员岗位职责以及学习成果导向教育理念（Outcomes-Based Education，简称 OBE）整合工作内容，设计学习领域环节，满足学生个性化的学习需求。学生可通过达成课程预期学习成果（Course Learning Outcome，简称 CLO），证明其达到的毕业资格要求（知识、技能和素养），即专业预期学习成果（Program Learning Outcome，简称 PLO）。这种课程设计的路径指引，使得学生在学习跨境电商客服中常用操作规则与沟通技巧之后，能正确选择和使用各种各样的沟通工具，能熟练处理跨境电商客服工作中的各种问题，胜任外贸和跨境电商客服领域相关岗位。

跨境电商客服行动领域认知

一、岗位职责描述

说到跨境电商客服，大多数人可能认为与淘宝客服小二的岗位职责大同小异，只不过沟通语言由中文换成了英文。淘宝、天猫的客户服务主要针对“70后”到“90后”的中青年网购群体。目前，淘宝已成为中国社会主流的购物模式，买家群体也已经非常成熟，同时，淘宝培训系统非常完善，只要规范培训，就可以很好地为买家服务。此外，淘宝客服服务的对象更多是中国人，双方思维模式类似，易于沟通。传统外贸模式下的客户服务以跟单为主，由于大额订单周期长，除了基本的沟通服务素质之外，客户满意度更多地依赖于工厂和产品的价格和品质。跨境电商本质上还是传统外贸的升级版，跨境电商平台的客服更多地类似于传统外贸业务中的外贸销售员，也可以说是升级版的外贸销售员，服务对象是全球的客户，且既有B类客户，也有C类客户。碎片化和在线化的沟通使得客户的需求和标准变得多层次。海外客户多依据浏览页面描述所得到的信息下单，与卖家交流很少，甚至不交流。同时，思维模式、世界观和价值观以及宗教信仰的巨大差异，也给客户服务带来了巨大的挑战，一旦产生售后问题，无论是在退货成本、沟通精力上，还是运营风险方面，都会是很大的考验。

作为一名跨境电商客服专员，要熟悉本公司的产品、业务、主营跨境电商平台的规则、订单处理流程、国外客户文化背景等，能够为B2B客户和B2C客户解决售前、售中、售后的各种问题并提供服务。跨境电商客服专员的主要岗位职责是开发国外潜在客户、处理询盘、解答咨询、处理订单、维护客户关系等，通过提供一系列的客户服务，提升客户体验和客户满意度，促进销售，降低风险，进而提高店铺评分、树立品牌形象。

二、岗位任务描述

跨境电商客服专员岗位任务描述表见表0-1。

表0-1　　跨境电商客服专员岗位任务描述表

任务名称	任务描述
1. 收集潜在客户资源	通过多种渠道、利用多种搜索技巧收集潜在客户资源，包括通过展会网站、黄页、海关数据、即时通信软件、社交网站等渠道搜索客户资源并分类，为开发客户做好准备
2. 发送客户开发信	针对具有不同文化背景和特点的国外客户撰写有针对性的客户开发信，并设计有吸引力的邮件标题

续前表

任务名称	任务描述
3. 处理客户询盘	熟悉不同跨境电商 B2B 平台的询盘处理界面，分析询盘有效性，及时回复真实询盘
4. 解答咨询	根据不同国家客户的消费心理和消费习惯提供导购服务，利用多种沟通工具及时解答客户咨询
5. 处理订单	熟悉不同跨境电商平台的订单管理界面，及时处理、跟进和更新订单状态
6. 处理差评	准确分析差评原因，利用各种沟通工具、根据客户特点进行沟通，说服客户修改评价
7. 处理纠纷	熟悉主流跨境电商平台纠纷规则和纠纷仲裁流程，有效规避纠纷
8. 处理知识产权投诉	熟悉易产生知识产权投诉的领域和各国商标查询工具，熟悉主流跨境电商平台的知识产权处罚规则和投诉处理流程，及时处理知识产权投诉
9. 维护客户信息库	建立客户信息库，对客户进行分类，并根据订单和其他部门同事的反馈，及时更新客户信息库
10. 维护客户关系	根据客户类别和客户文化背景发送具有针对性的客户关系维护邮件
11. 跨境电商客服岗位创新与创业	设计跨境电商 B2B 平台的创新型客户开发及维护方案；利用创新型工具辅助跨境电商 B2C 平台的客户沟通

跨境电商客服学习领域描述

成果导向职业教育要求做到三个“精准对接”：一是课程预期学习成果（CLO）精准对接专业预期学习成果（PLO）和课程学习目标；二是课程教学和学习活动精准对接课程预期学习成果（CLO）；三是评估方法任务精准对接课程预期学习成果（CLO）。

一、 学习领域的总体目标和分项目标

（一）总体目标

本课程的主旨是学生通过对跨境电商客户服务中常用知识与实务的学习，能熟练应对跨境电商客服岗位人员在日常工作中涉及的关键问题，具备国外客户开发与维护能力；具备询盘处理能力和服务营销能力；具备订单处理能力；具备售后问题解决能力；具备一定的国际化视野、跨文化交际意识、“互联网＋”思维以及创新创业思维和能力，以适应将来的跨境电商相关企业的跨境电商客服相关岗位。

“跨境电商客服”课程涉及“跨境电商营销推广”“消费行为与心理”“商务英语沟通”“商务英语函电”等多门课程的专业知识和技能，为培养学生从事跨境电商客服相关岗位

的工作能力提供综合性的训练。该课程以阿里巴巴全球速卖通、阿里巴巴国际站、亚马逊等平台的客服任务为载体组织教学，使学生通过完成一系列售前、售中、售后客服服务任务掌握跨境电商客服岗位的基本业务技能。

（二）分项目标

1. 知识目标

通过本门课程的学习和实践操作，要求学生知道、领会并能运用以下知识：

（1）跨境电商客服工作中常用的沟通工具及所针对的客户、使用技巧。

（2）各种翻译工具的使用技巧。

（3）跨境电商客服辅助工具及其特点。

（4）我国跨境电商主流市场的客户文化背景及沟通特点。

（5）寻找客户资源的主要方式及其运用技巧。

（6）设计有吸引力的客户开发信标题。

（7）针对不同国家客户撰写和发送开发信的技巧。

（8）询盘的类别及特点。

（9）针对不同种类询盘进行有针对性的回复。

（10）纠纷的类型及相应解决办法。

（11）处理纠纷、投诉、差评的流程。

（12）客户的类型及维护方法。

2. 技能目标

通过本课程的学习和实践操作，要求学生具备以下技能：

（1）能通过多种渠道及方法寻找潜在客户资源。

（2）能分析辨别客户价值、成交可能性，并建立客户信息库。

（3）能根据各国客户特点撰写具有针对性的、成功率较高的客户开发信。

（4）能辨别询盘真伪并评估询盘价值。

（5）能解答客户产品咨询和服务咨询。

（6）能使用各种必备及创新型工具辅助沟通。

（7）能根据买家的需求提出售后问题处理办法。

（8）能积极有效地回应客户或竞争者的投诉。

(9) 能进行有效的客户关系维护。

3. 素质目标

通过本课程的学习和实践，要求学生具备以下素质：

(1) 遵守职业道德，服从公司规章制度及平台规则。

(2) 能够利用各种翻译工具、沟通工具和辅助工具。

(3) 具备跨文化交际意识和国际化视野。

(4) 具备较强的沟通能力、应变能力。

(5) 具备较强的团队意识和服务意识。

(6) 具备一定的创新能力和学习能力。

二、专业预期学习成果（PLO）和课程预期学习成果（CLO）

(一) 专业预期学习成果（PLO）

学习成果是学生在完成一个学习过程后，预期知道、理解和能做什么的陈述，是所获取和能够证明的一系列知识、技能和能力。在对跨境电商行业企业进行调研的基础上，我们确定跨境电商专业（方向）预期学习成果如表 0-2 所述。

表 0-2 跨境电商专业（方向）预期学习成果（PLO）

PLO1 专业知识（Specialized Knowledge）	
PLO1.1	用跨境电商专业领域的相关术语来描述跨境贸易业务操作、国际市场调研与分析、跨境电商选品与文案处理、图形图像处理、跨境电商营销推广、跨境电商客服、跨境电商物流操作等专业领域的核心理论和实践，并且提供至少一个与专业领域相关的案例
PLO1.2	应用跨境电商专业领域的平台、工具、技术和方法（如阿里巴巴国际站、全球速卖通、亚马逊、eBay、Photoshop、谷歌搜索、Facebook、Skype 等）去实现店铺开设、产品信息化及上架、店铺装修、站内推广、站外引流、客户服务等领域内给定的任务
PLO1.3	基本上无差错地做出国际市场调研与分析、产品选品、跨境电商营销与推广、跨境电商运营以及涉及跨境电商企业人、财、物管理等领域的方案或计划，如制定选品方案、店铺运营方案、产品促销计划、站内外引流方案等，并能够进行演说展示
PLO2 广泛和融合的知识（Broad and Integrative Knowledge）	
PLO2.1	描述所学习的每一项核心领域（如跨境贸易业务操作、国际市场调研与分析、跨境电商选品与文案处理、图形图像处理、跨境电商营销推广、跨境电商物流操作等）现有知识或现有实践的研究进展（包括怎样向前推进、怎样验证和怎样更新）

续前表

PLO2 广泛和融合的知识（Broad and Integrative Knowledge）		
PLO2.2		就所学习的每一项核心领域描述一个关键性的争议问题（如跨境电商运营模式的选择、选择自建平台或第三方平台等），解释该争议问题的意义，并且应用该领域的概念来阐述自己对该争议问题的见解
PLO2.3		在实施分析性、实操性或创造性的任务基础技术技能训练、专业技术技能训练、综合技术技能训练中，使用所学习的多项核心领域（跨境贸易业务操作、国际市场调研与分析、跨境电商选品与文案处理、图形图像处理、跨境电商营销推广、跨境电商客服、跨境电商物流操作等）的方法（SWOT、4P、统计分析等），包括依据的收集与评估
PLO2.4		从经济、社会、科技等角度，同时采用至少两个领域的知识，描述如何界定与解释特定问题（如中东地区消费者网上购买行为、海外仓等）对社会的重要意义，并对此做出评述
PLO3 智力技能（Intellectual Skills）		
PLO3.1		在选定的学习领域提出并界定一个问题（如社交媒体营销、客户关系维护等），并能厘清涉及该问题的各种观点、概念、理论及其解决方法
PLO3.2		对于多种资源进行辨识、分类、评估和引用，来完成跨境电子商务领域的项目、方案或展示。例如，能对跨境电商企业的选品、产品销售、客户服务、网店运营等方面进行相应的市场调研，能收集有效信息，并对信息进行加工整理和分析，形成调查方案或报告，为跨境电商企业管理与决策提供帮助
PLO3.3		应注重灵活性（开放性）与知识的广博，理解并应用不同的文化、地域、政治、时代及技术因素，具备多元化视角
	PLO3.3.1	描述不同文化如何影响人们对于政治、社会、艺术和国际关系中突出问题（如语言、环境保护、职场生活、公共服务、知识产权保护、国家税收制度等）的理解
	PLO3.3.2	对于文化、社会、政治、艺术或国际关系方面的问题的根源，做出描述、解释和评估，提出自己的观点，并与他人的见解进行理性的比较
PLO3.4		描述政治、经济、医疗、法律、技术或艺术等方面问题中的伦理道德问题，并说明这些伦理道德原则如何影响相关问题的决策。例如，对于知识产权侵权、产品质量安全、环境保护、网络个人隐私、网络诈骗等问题，分析道德准则或框架如何产生影响或作用
PLO3.5		定量表达（Quantitative Fluency）
	PLO3.5.1	对政治、经济、健康或技术等方面的问题中使用到的量化信息（如曝光率、点击率、成交量、转化率、SKU、好评率等）进行准确的诠释，并能够介绍如何在论述时有效地利用量化信息（如怎样进行选品）
	PLO3.5.2	利用现有的数据创建图表或其他更好的视觉效果表现方式，来诠释跨境电商相关领域发展趋势、关联或状态变化
PLO3.6		沟通技巧（Communicative Fluency）

续前表

PLO3 智力技能（Intellectual Skills）		
	PLO3. 6. 1	在与跨境电商客户、跨境电商平台、综合服务商及其他相关部门的职场沟通中，写出令人信服的、流畅的、基本无笔误的方案、策划书、报告等文案
	PLO3. 6. 2	能够在课内、课外一些专业活动或竞赛活动中进行中英语口头交流
	PLO3. 6. 3	就跨境电商岗位工作中的任务（如国际货物买卖合同、跨境电商综合服务商选择等）的行动计划进行商谈，并对商谈结果进行中英文书面或口头总结陈述
	PLO3. 6. 4	使用英语进行跨境电商专业领域的交流，翻译一篇该专业领域的文章
PLO3. 7	创新创业思维（Innovative and Entrepreneurial Thinking）	
	PLO3. 7. 1	就一个跨境电商领域创新创业的实践案例（如跨境电商代运营），分析或阐述该案例中涉及的创新、创业特征及关键要素，并给出自己的评判
	PLO3. 7. 2	运用跨境电商相关知识与技能，就社会、经济、技术、文化等领域的某一方面的实践活动，或提出疑问，或指出其存在的问题，或提出一个新思路、新方法
PLO4 应用和协作学习（Applied and Collaborative Learning）		
PLO4. 1	书面汇报至少一个跨境电商企业商业模式案例，说明自己是怎样将所学的学术性知识与技术技能应用于实践的，并提出证据或案例，用来证明自己在应用过程中学到新的知识或有其他收获	
PLO4. 2	分享或教会同学们至少一个自己在课堂外学来的重要概念或方法（如跨境电商企业融资、跨境电商企业风险控制等）	
PLO4. 3	对于一个超出课上所学内容的实践难题（如跨境电商代运营），独立或与他人协作，对难题准确定位，收集相关线索与信息，进行组织与分析，并提出多种解决方案	
PLO4. 4	参与一个跨境电商领域创新创业性活动或项目（如互联网＋国际贸易综合技能竞赛、中国大学生跨境电商创新创业大赛等），展示或讲解实践成果，并就其过程做出书面的总结（至少能重点突出这次经历中个人对创新创业精神与创新创业管理的感悟，进而能阐明其应用前景或价值）	
PLO5 公民和全球学习（Civic and Global Learning）		
PLO5. 1	清晰地介绍自己的个人背景、文化背景及职业发展规划，如信仰与价值观、人生观，并能结合自身专业学习情况进行职业生涯规划	
PLO5. 2	就中华民族优良传统精神、社会主义的核心价值观、“一带一路”倡议、中国梦等及相关行为实践，清晰地介绍其意义与作用，列举一个包含这些价值观或行为实践的特殊事件，阐述自己的观点	
PLO5. 3	运用至少三项方法或技能，锻炼与改善身体及心理素质	
PLO5. 4	参与一个社团（例如跨境电商技能拓展协会、义工、社会实践等）项目，就其过程做出口头或书面的总结（报告），重点突出这次经历中自己主动性和责任心的体现，以及这次经历中个人的感悟	
PLO5. 5	识别影响至少世界两个大洲的经济、环境或公共卫生领域的挑战，并且对所谓的挑战进行有理有据的分析评述，并表明自己的观点和立场	

（二）课程预期学习成果（CLO）

在“跨境电商客服”课程中，课程设计总学分为4学分（见表0-3）课程预期的学习成果是学生在学习过程中学习意图和目标的精确陈述和表达，同时也是学生在完成全部具体跨境电商客服业务情境中的学习过程之后，能够达成的知识目标、技能目标、素养目标以及知识、技能和素养的综合运用成果。每一个课程预期学习成果都能支撑和精准对接专业预期学习成果。

表0-3　“跨境电商客服”课程预期学习成果表

编号	具体内容	参考学分	支撑PLO
CLO1	能通过搜索、整理、撰写等方式建立英语及小语种的客户沟通模板	0.4	PLO1.2 PLO4.2
CLO2	能利用搜索引擎就某一行业（如服装、电子等）寻找潜在的海外客户（如巴西、俄罗斯等），说明搜索过程和搜索技巧	0.4	PLO1.2
CLO3	能使用Excel电子表格或CRM客户关系管理软件建立和维护客户信息库	0.4	PLO1.2 PLO2.3
CLO4	能针对某一国家或文化背景（如德国、中东地区）的客户撰写营销邮件	0.6	PLO3.3.1 PLO3.6.1 PLO3.7.1
CLO5	能分析询盘案例的真实性、客户购买意向、客户交际风格并给出有效回复	0.6	PLO1.1 PLO3.6.1
CLO6	能在给定的案例中，利用跨文化交际、消费心理相关理论引导客户达成交易	0.6	PLO1.1 PLO3.3.1
CLO7	能在给定的订单案例中，妥善解决售后问题，如客户差评、投诉或纠纷	0.6	PLO1.1 PLO3.6.1
CLO8	能结合具体跨境电商B2C、B2B平台店铺业务完成客户服务业务操作	0.4	PLO1.1 PLO3.6.1
合计		4	

（三）学习方法对准教学与学习活动

课程的评估要对准课程学习成果，评估任务的设置要可测可评。本课程的相关安排如表0-4所示。

表 0-4 课程学习方法对准教学与学习活动

教学与学习活动	学习方法					
	案例分析	问题导向	任务导向	情境模拟	现场实训	分组讨论
创建英语及小语种的客户沟通模板，并通过网络分享给其他同学		Y	Y		Y	Y
根据设定业务情境搜索潜在的海外客户，创建客户信息库，并用 PPT 演示		Y	Y	Y	Y	Y
根据设定业务情境分析海外客户特点并展示；根据设定业务情境撰写营销邮件并展示	Y		Y	Y	Y	Y
根据设定业务情境分析询盘特点及客户背景；根据设定询盘进行回复并展示	Y		Y	Y	Y	Y
根据设定业务情境分析客户背景；根据设定业务情境及客户背景撰写引导客户下单的邮件并展示	Y		Y	Y	Y	Y
根据设定业务情境撰写解决售后问题的邮件并展示	Y	Y	Y	Y	Y	Y
根据设定速卖通店铺、阿里巴巴国际站店铺业务情境撰写客户服务邮件，并演示业务流程和结果		Y	Y	Y	Y	Y
为完成作业任务的免费线上学习（精品在线开放课程、职教云、蓝墨云班课等）	Y	Y	Y			Y

（四）课程评估方法任务

课程的评估类型包括形成性评估和总结性评估，都要精准对接课程预期学习成果，且评估任务的设置要可测可评。本课程的相关安排如表 0-5 所示。

表 0-5 课程评估任务对准课程学习成果

编号	学习成果	评估任务	评估类型
CLO1	能通过搜索、整理、撰写等方式建立英语及小语种的客户沟通模板	创建英语及小语种的客户沟通模板，并通过网络分享给其他同学；思路清晰、语言准确、有创新	形成性评估和总结性评估
CLO2	能利用搜索引擎就某一行业（如服装、电子等）寻找潜在的海外客户（如巴西、俄罗斯等），说明搜索过程和搜索技巧	根据设定业务情境，使用本土化搜索引擎，搜索潜在的海外客户，对搜索结果进行筛选和分类，并用 PPT 演示；思路清晰、语言流畅、解释得当、有创新	形成性评估和总结性评估

续前表

编号	学习成果	评估任务	评估类型
CLO3	能使用 Excel 电子表格或 CRM 客户关系管理软件建立和维护客户信息库	根据设定业务情境创建客户信息库，并用 PPT 演示；思路清晰、语言流畅、解释得当、有创新	形成性评估和总结性评估
CLO4	能针对某一国家或文化背景（如德国、中东地区）的客户撰写营销邮件	根据设定业务情境分析海外客户特点，撰写营销邮件并展示；行文流畅、语言准确、有创新	形成性评估和总结性评估
CLO5	能分析询盘案例的真实性、客户购买意向、客户交际风格并给出有效回复	根据设定业务情境分析询盘特点及客户背景，对询盘进行回复并展示；行文流畅、语言准确、有创新	形成性评估和总结性评估
CLO6	能在给定的案例中，利用跨文化交际、消费心理相关理论引导客户达成交易	根据设定业务情境分析客户背景，撰写引导客户下单的邮件并展示；行文流畅、语言准确、有创新	形成性评估和总结性评估
CLO7	能在给定的订单案例中，妥善解决售后问题，如客户差评、投诉或纠纷	根据设定业务情境撰写解决售后问题的邮件并展示；思路清晰、语言流畅、解释得当、有创新	形成性评估和总结性评估
CLO8	能结合具体跨境电商 B2C、B2B 平台店铺业务完成客户服务业务操作	根据设定速卖通、阿里巴巴国际站店铺业务情境撰写客户服务邮件并展示；行文流畅语言准确、解释得当、有创新	形成性评估和总结性评估

三、课程内容与安排

课程内容是课程的核心，是用于支撑课程预期学习成果（CLO）的具体学习内容，包括技能点、知识点及其他组成的模块或者是单元。“跨境电商客服”课程内容的选择充分考虑到课程学习目标与课程预期成果的关系，坚持教学内容与 CLO 直接对应的原则，所有的教学内容都围绕 CLO 出发进行选择。本课程教学内容的参考课时数是根据此项目所支撑的 CLO 的完成水平来确定，包括 CLO 的完成时间长短、完成的难易程度、完成的具体形式等。具体课程内容与学时安排如表 0-6 所示。

表 0-6　“跨境电商客服”课程内容与学时安排

项目名称	教学内容	参考学时	对应 CLO
项目一 跨境电商客服工作准备	a. 安装和设置沟通工具 b. 安装和使用翻译工具 c. 认识跨文化交际	10	CLO1

续前表

项目名称	教学内容	参考学时	对应 CLO
项目二 跨境电商售前客服	a. 收集国外潜在客户资源 b. 建立客户信息库 c. 发送跨境电商客户开发信	16	CLO2/CLO3/CLO4
项目三 跨境电商售中客服	a. 认识订单管理界面和询盘管理界面 b. 分析和回复询盘 c. 管理 RFQ d. 解答产品咨询和服务咨询	16	CLO5/CLO6
项目四 跨境电商售后客服	a. 处理差评 b. 处理纠纷和投诉 c. 维护客户关系	16	CLO3/CLO7
项目五 跨境电商 B2B 平台店铺的客户服务	a. 结合给定背景提供老客户的客户服务 b. 结合给定背景提供潜在客户的客户服务	6	CLO1/CLO2/CLO3/CLO4/CLO5
项目六 跨境电商 B2C 平台店铺的客户服务	a. 结合给定背景提供正常订单的客户服务 b. 结合给定背景提供异常订单的客户服务	6	CLO1/CLO4/CLO6/CLO7
期末复习		2	

跨境电商客服课程设计

一、 基于 DACUM 职业技能培训的课程设计

DACUM（Develop A Curriculum）是通过职业分析或任务分析确定某一职业所需具备的综合能力及相应专业技能的系统方法。几乎所有职业的工作内容，都能有效而充分地用优秀工作人员在完成工作的过程中所完成的各项任务来描述；每个任务与完成此任务的人员所需的理论知识、工作态度和技能又都有着直接的联系。

本课程根据 DACUM 开发方法的要求，在对跨境电商客服所需能力进行分析的基础上，选取了跨境电商客服工作准备、跨境电商售前客服、跨境电商售中客服、跨境电商售后客服共 4 个项目（如图 0－1 所示）。由于跨境电商的本质即为互联网＋外贸，因此学生需要掌握“互联网＋”和创新创业的基本要素、原则和方法，能将其应用到四个项目的学习中去，从而更好地适应跨境电商客服岗位工作。

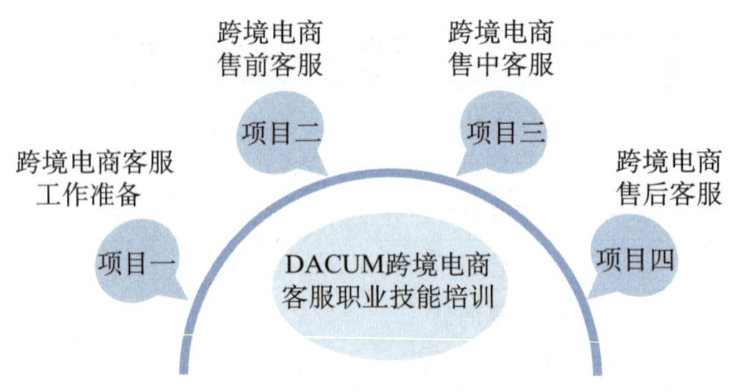

图 0-1　跨境电商客服 DACUM 项目构成

其中，项目一为跨境电商客服工作准备。要想做好跨境电商客服服务，首先必须了解产品信息、公司文化、平台规则等。除此之外，由于跨境电商客服主要与各国客户进行沟通，沟通过程中各种辅助工具的使用必不可少，包括国外客户常用的即时通信软件、各国主流电子邮箱、能够进行汉语和英语以及各种小语种互译的翻译工具、其他的辅助工具等。作为跨境电商客服人员，还需具备跨文化商务交际意识和国际化的视野，了解我国跨境电商主流市场、相关国家客户的文化背景等，根据各国客户特点进行沟通，提供有针对性的服务，从而规避文化障碍引发的矛盾，提升客户满意度。

项目二为跨境电商售前客服。跨境电商售前客服在 B2B 跨境电商客户服务中体现得最为明显。在这一阶段，升级版的外贸业务员和外贸销售员，也就是跨境电商客服，通过包括搜索引擎、展会网站、黄页、海关数据、即时通信软件及社交网站等渠道搜索国外潜在客户。收集好有价值的潜在客户信息之后，就要发送客户开发信。在这一环节，邮件标题的设计极为重要。若标题不明确或缺乏创意，潜在客户就不会打开邮件阅读正文。跨境电商客服人员可以利用各种开发信模板，也可以根据各国客户特点撰写具有针对性的开发信，以实现有效的服务营销。

项目三为跨境电商售中客服。本项目涉及 B2B 和 B2C 跨境电商平台店铺客户服务，二者重点有所不同。B2B 跨境电商的售中客户服务主要是询盘处理，包括分析询盘、辨别可疑询盘和诈骗询盘、及时回复和跟进优质询盘、管理 RFQ；而 B2C 跨境电商的售中客服则主要是解答客户的产品咨询和服务咨询、跟进和更新订单状态等。

项目四为跨境电商售后客服。无论是 B2B 跨境电商企业还是 B2C 跨境电商企业中，售后服务都极为重要。学生可通过本项目的学习掌握处理差评的步骤和技巧、熟悉处理纠纷仲裁流程、熟悉投诉处理流程、掌握纠纷和投诉的处理技巧。除了处理售后问题之外，客户关系管理也是跨境电商客服工作必不可少的环节，由于维护老客户往往比开发新客户更不易，维护客户信息库并进行定期跟进和服务营销就显得尤为重要。

二、基于BAG职业行动能力的学习领域设计

BAG（Berufliche Arbeitsaufgaben，典型工作任务）课程开发方法即典型工作任务分析法，是对现代职业工作进行整体化分析和描述，并在此基础上开发工作过程系统化课程的方法。这种课程开发方法是以培养学生的综合职业能力为目标，以典型工作任务分析为基础设置课程，参照从初学者到专家的发展阶段进行课程排序，更加关注工作过程的整体性以及完成工作任务所需要的专业知识、广泛和融合的知识、智力技能、应用和协作学习、公民和全球学习融为一体的职业创造能力。因此，基于BAG课程开发方法的跨境电商客服这一学习领域的每一个学习项目，都应该是一个完整的且融入职业素养和关键能力的工作过程。

（一）教学内容的选取

1. 基于跨境电商B2B、B2C平台店铺的跨境电商客服典型工作过程选取教学内容

跨境电商B2B客服岗位的工作过程是：收集客户信息—建立客户信息库—发送客户开发信—处理询盘/管理RFQ—售后服务—维护客户关系；跨境电商B2C客服岗位的工作过程是：解答咨询—处理订单—售后服务—服务营销。从跨境电商客服的工作过程可以看出，本岗位必须具备的职业能力是信息搜索与整合能力、跨文化沟通能力、客户关系维护能力，另外学生还应具备解析探究、团队协作等职业素养和学习能力、创新思维能力等关键能力，因此本学习领域的内容就是针对跨境电商客服岗位的能力和素养要求，通过完整的跨境电商B2B、B2C店铺客服工作过程来培养学生的职业能力和职业素养，以帮助学生达成学习成果。

2. 教学内容载体的选择

在合作跨境电商企业、行业协会、校企协同育人中心的积极参与和大力支持下，本学习领域可以获得来自跨境电商企业第一线的真实客服工作任务。在对这些跨境电商客服工作任务进行综合分析的基础上，结合学生的认知规律，最终确定以跨境电商B2B、B2C平台为教学载体，并基于跨境电商客服的典型工作过程进行提炼，从而达成学习成果。

3. 学习项目的设计

在确定教学内容载体之后，本课程以跨境电商B2B、B2C平台店铺为载体组织教学工

作。经过对珠三角地区跨境电商和外贸企业的调研，由企业专家和专业教师共同选取针对不同客户和不同订单的两个学习项目：跨境电商 B2B 平台店铺的客户服务和跨境电商 B2C 平台店铺的客户服务。每个学习项目包括两个工作任务，以完成学生岗位工作基本技能的学习。其项目设计如图 0－2 所示。

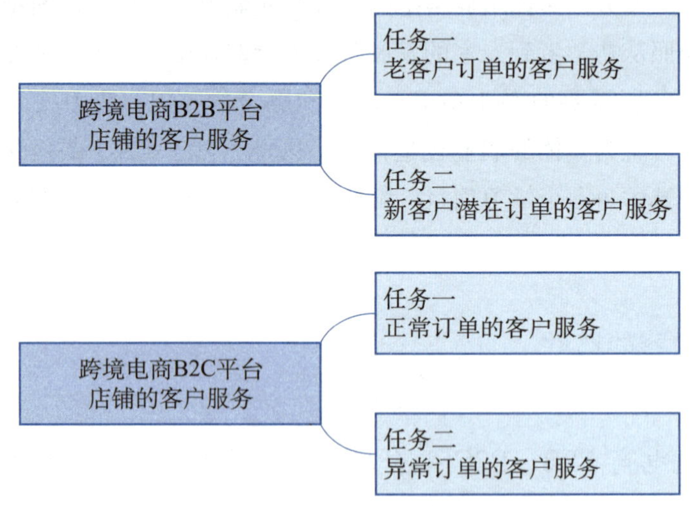

图 0－2　跨境电商客服 BAG 项目设计

（二）教学内容的组织与安排

1. 基于学习成果导向和职业能力培养的两个学习项目的特点

本学习领域的两个 BAG 学习项目均采用企业真实的店铺和工作任务，项目五“跨境电商 B2B 平台店铺的客户服务”中的任务一“老客户订单的客户服务”相对较为简单，而任务二“新客户潜在订单的客户服务”则需要网络信息搜索与整合能力、客户开发能力等。项目六“跨境电商 B2C 平台店铺的客户服务”中的两个任务——“正常订单的客户服务”与“异常订单的客户服务”，明显后者难于前者。通过这样的设计实现由简单到复杂、由单一到综合的过渡。每个学习项目都是一个完整的跨境电商客服工作过程，都包含咨询、计划与决策、实施、检查与评估等步骤，可以系统培养学生的专业能力、方法能力、社会能力，从而达到专门知识、广泛和融合的知识、智力技能、应用和协作学习、公民和全球学习中的一个或者多个领域参照点要求。

2. 教学组织与实施

跨境电商客服学习领域课程的教学采取分组实施的形式，将学生分为 4～6 人的小组，每个小组都独立完成所有学习项目。在学习过程中，学生可以通过教师指导、小组讨论、演示汇报等方式，完成各个学习任务，从而达成各学习项目的学习成果，掌握不同交易阶段和不同类型跨境电商平台的客服技巧。在完成学习任务之后，学习成果的评价由学生自评、指导教师评价、小组互评、企业兼职教师评价组成。通过这种教学组织与实施方法，学生能够通过学习成果的逐渐累积，最终达到课程学习成果要求，从而提升职业能力和职业素养。

本书相关表格下载

一、 项目一至项目四项目学习成果评价相关表格

课堂表现评价表

任务实战演练评价量表

项目学习成果评价汇总表

二、 项目五至项目六 BAG 项目任务单、 工作计划及实施记录表

项目一

跨境电商客服工作准备

项目背景

丽莎刚入职思拓跨境电商科技有限公司，职位是跨境电商客服专员。丽莎认为自己英语水平很好，沟通能力也不错，可以直接上岗开始工作了，没想到经理分配给她的第一个任务是熟悉产品、学习企业文化，并且建议她不要着急，应先安装和设置各种沟通和翻译工具以及辅助工具，熟悉各国客户特点和跨文化交际注意事项，为跨境电商客服工作做好准备。

学习目标

◎ 知识目标

1. 列举跨境电商客服工作中常用的沟通工具及所针对的客户、使用技巧；
2. 举例说明各种翻译工具的使用技巧；
3. 列举跨境电商客服辅助工具并说明其特点；
4. 阐述我国跨境电商主流市场的客户文化背景及沟通特点。

◎ 技能目标

1. 能使用各种必备及创新型工具辅助跨境电商客户沟通；
2. 能正确比较和选择跨文化交流方式。

◎ 素养目标

1. 遵守职业道德，服从公司规章制度及平台规则；
2. 能够利用各种翻译工具、沟通工具和辅助工具；
3. 具备跨文化交际意识和国际化视野；
4. 具备一定的创新能力和学习能力。

◎ 预期学习成果及支撑（CLO）

项目预期学习成果	课程预期学习成果（CLO）	参考学时
1．能选择、安装和设置跨境电商客服常用沟通工具	CLO1	3
2．能选择、安装和使用跨境电商客服常用翻译工具	CLO2	4
3．能根据各国客户的不同特点选择沟通方式，有效避免跨文化障碍的产生	CLO3	3

任务一 运用工具辅助沟通

无论是 B2B 跨境电商客服还是 B2C 跨境电商客服，通常都通过站内信、电子邮件等与客户沟通。由于跨境电商客服人员面对的客户来自世界各地，不仅语言不通，且需处理的贸易问题具有时效性和复杂性，因此建议综合利用多种工具辅助沟通。

一、运用即时通信工具

即时通信工具是通过即时通信技术来实现在线聊天、交流的软件，具有以下优点：

(1) 时效性强。只要客户在线就可立即联络并深入沟通。即使客户不在线，也可以直接留言，避免电子邮件被系统退回的问题，而不用担心客户看不到你的邮件。

(2) 成本低廉。跨境电商客服人员在处理复杂订单或亟待解决的问题时，最好通过语音沟通，而国际长途电话成本较高，这时即时通信工具的优越性就凸显出来了。很多即时通信工具如 Viber，可实现与国外客户的免费通话，大大节省了沟通成本。

(3) 直接。使用即时通信工具与客户沟通就像面对面交谈一样，客户对该产品是否真有需求、下订单的可能性有多大等都可以通过直观的沟通进行判断。实际上，在即时通信工具中添加客户为好友而没有被拒绝的时候，就意味着你已经与客户建立了联系，省去了等待邮件回复的时间。

(一) 运用跨境电商平台提供的即时通信工具——TradeManager

TradeManager 又称国际站旺旺，是阿里巴巴国际站（包括全球速卖通）提供的即时聊天工具，使用 TradeManager 可以实现与国外买家的实时与非实时沟通。据统计，11%的买家使用 TradeManager 发送询盘信息。TradeManager 支持电脑客户端，可直接点击阿里巴巴国际站首页（www.alibaba.com）上端的 TradeManager 图标或输入下载地址 http：//

trademanager. alibaba. com 进入 TradeManager 下载页面。如果计算机上安装有杀毒软件，安装时要选择同意修改注册表信息。建议将该软件安装在非系统盘下，以防系统重装后数据丢失。TradeManager 也支持网页版，即使不下载电脑客户端，也可以通过点击 chat now 与 alibaba. com 的会员进行在线沟通。TradeManager还支持手机 App，下载阿里卖家或者 alibaba 的 App，即可使用内置的 TradeManager 进行在线交流。

TradeManager 首页

1. TradeManager 的基本功能

（1）在线沟通：可与 alibaba. com 的会员进行实时沟通，即时洽谈商务。

（2）联系人管理：可方便快捷地管理所有沟通联系人，方便后续跟进。

（3）消息管理：有消息盒子提示未读消息，同时可在消息管理器查看并管理所有消息。

（4）登录、记录查询：可快速定位登录的地点和版本，方便统计在线时长，同时可检查账号是否被盗。

2. TradeManager 的特色功能

（1）旺铺：alibaba. com 的所有卖家均可在即时聊天的过程中，随时查找并发送旺铺产品，无须切换到网站。

（2）网站快捷入口：alibaba. com 的各种网站常用功能入口一览无余，可免登录打开。

（3）定位沟通对象：只要点击 alibaba. com 上任意产品旁边的 chat now，都会记录为沟通对象，该沟通对象会在 TradeManger 对话框右侧展示，帮助你快速了解用户需求。

（4）文件图片互通：TradeManager 的电脑客户端与网页版都可进行图片和文件传输，实现不同版本间的顺畅沟通。

3. TradeManager 使用技巧

（1）基本设置。

为了让买家快速联系并了解更多产品以及公司信息，应填写以下信息以完善联系方式：

1）昵称：除了自己的姓名，还可以加上公司的简称。

2）电话：填写正确的国家区号。

3）销售：填写主营业务。

4）网址：填写后要测试能否正常打开。

5）签名设置：可设置5条可滚动的签名作为广告，如产品推荐、公司宣传、活动营销等。

（2）翻译设置。

点击TradeManager对话框工具栏中的翻译设置键，即会弹出“系统设置”对话框，点击“聊天设置”下的“翻译设置”，勾选“开启翻译”，选择目标语言，点击“确定”，翻译设置成功（见图1-1）。通过翻译设置，可实现将接收的英语翻译为中文或将接收的法语、葡萄牙语、俄语、西班牙语、印地语、中文翻译为英语等功能。

图1-1　翻译设置

设置成功后，接收的消息将被自动翻译（见图1-2）。如不想翻译，可以从翻译图标进入设置界面关闭翻译功能。

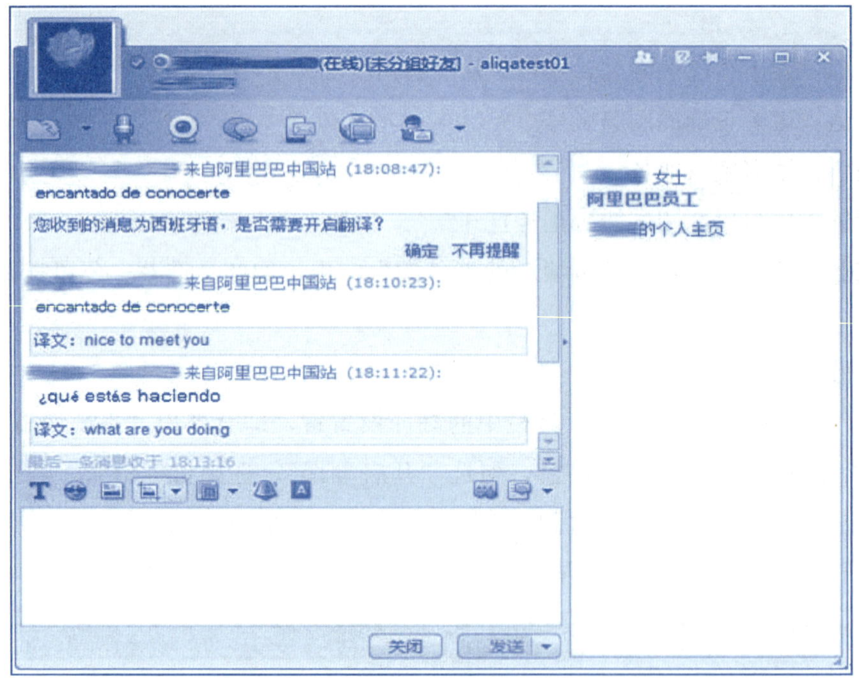

图 1-2 自动翻译

（二）运用其他即时通信工具

除了 TradeManager 这类跨境电商平台提供的即时通信工具以外，跨境电商客服人员还应了解目前国外流行的其他即时通信工具，以及时联系海外各地客户。

1. WhatsApp

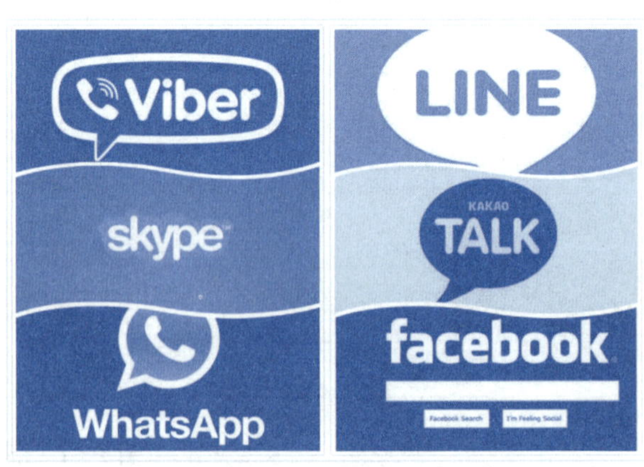

国外流行的部分即时通信工具的 LOGO

WhatsApp 是一款方便用户发送信息又无须支付短信费用的跨平台应用程序。作为 Facebook 旗下的消息应用，WhatsApp 在欧美、东南亚、南美等地区的下载量多居首位。在智能手机普及前，WhatsApp 对应诺基亚的传统手机和黑莓手机的程序，因而目前在经济不发达国家和地区仍有众多使用传统手机的用户在使用 WhatsApp。WhatsApp 有免费短信、多媒体短信、离线消息、显示状态等功能，具有手机号码注册、无须登录或退出、支持群组对话、保密性强等特点。

2. Skype

Skype 是目前最流行的语音沟通软件，是最清晰的网络电话，同时具备 IM 所需的其他功能，如文字聊天、视频聊天、传送文件、多人文字语音视频会议等。Skype 间的通话完全免费，通过 Skype 拨打全球任何一部座机或手机则是收费服务，但费用低廉。此外，Skype 还提供一系列增值服务。不同语言的用户在使用多种语言进行沟通时，可以选择读出聊天文字，且 Skype 支持连续性实时口语翻译。

3. Viber

Viber 是一种智能手机用的跨平台网络电话及即时通信软件，能在 3G 和 Wi-Fi 网络上运作，支持 iOS 和 Android 系统。Viber 用户无须付款，只要双方都已安装这个软件就能实现免费通信，还可以通过 Wi-Fi 与其他用户传送短信、图片、视频和音频文件。目前 Viber 支持包括中文在内的多国语言。用户使用手机号码免费注册后，Viber 会读取手机上的通讯录，如果发现通讯录上的朋友已经注册过 Viber，就会自动地识别并标示出来，这时就能通过网络直接拨打或发短信给他（她）了。

4. Facebook

Facebook 是全球第一大社交网站。用户可以通过它和别人保持互动交流，无限上传照片，发布链接和视频。跨境电商客服人员可通过 Facebook 及时了解客户动态，与客户开展深入交流，增强彼此的了解，以维护客户关系。

5. WeChat

WeChat（微信）是中国的“WhatsApp”，是中国使用最广泛的社交软件。值得注意的是，随着国际贸易的发展和跨境电商的迅猛崛起，国内外联系愈加密切，许多与中国有密切贸易往来的国外客户，尤其是非洲客户，也开始使用微信。

6. Line

Line 由韩国互联网集团 NHN 的日本子公司 NHN Japan 推出，是日本国内大受欢迎的 App，号称日本版的“微信”。除了随时随地免费通话以外，Line 最大的特点是表情种类十分丰富，用户可使用自带的 250 多种表情贴图来跟朋友互动，表达自己的心情。Line 在泰国等地也受到广泛欢迎。

7. Kakao Talk

Kakao Talk 是韩国国内广泛流行的免费聊天工具，以实际电话号码来管理好友，借助推送通知服务，可以与亲友和同事快速收发短信、图片、视频，以及语音对讲。数据显示，韩国 93%的韩国手机安装了 Kakao Talk 聊天软件。此外，Kakao Talk 还在 200 多个国家或地区被广泛使用着，为全球 1 亿多用户提供稳定的服务支持，支持英语、汉语、法语、德语、日语、葡萄牙语、西班牙语等 12 种语言。

跨境电商客服人员若与国外客户进行深入的沟通，最好了解并使用客户惯用的沟通工具。

二、运用电子邮箱

（一）交替运用企业邮箱和个人邮箱

电子邮件是跨境电商客服人员与海外客户沟通的主要方式之一。我们可以通过电子邮箱在任何地方、任何时间收发信件，这就突破了时空的限制，提高了工作效率。目前，邮件服务商主要分为两类：一类针对企业提供付费企业电子邮箱服务，另一类针对个人用户提供个人免费电子邮箱服务。

企业邮箱是以企业自己的域名为后缀的信箱，例如：name@企业域名。企业邮箱具有体现企业形象，克服员工流动影响，便于企业管理，增强企业内部信息沟通和协同办公能力，优于个人邮箱的安全性、稳定性和服务品质等特点。中国使用人数较多的个人电子邮箱有 163 邮箱、新浪邮箱、搜狐邮箱、QQ 邮箱、TOM 邮箱。此外，Gmail 邮箱、微软 Outlook 邮箱等国外邮箱在中国也被广泛使用。以上全部提供免费邮件服务，注册后可立刻使用。

跨境电商客服人员应熟知各个邮箱的特点（见表 1－1），并根据邮件的特点交替使用企业邮箱、国内个人邮箱和国外个人邮箱。

表 1－1　当前主流电子邮箱的特点

电子邮箱	优点	缺点
企业邮箱	正式、可信度高	域名易被屏蔽
国内个人邮箱	国内用户多、邮件收发速度快	国外用户少、认可度不高
国外个人邮箱	国外用户多、界面简洁	大邮件收发速度较慢、登录困难

（二）设置邮箱

1. 设计有效用户名

无论跨境电商客服工作人员通过电子邮箱进行的是正式的还是非正式的商务沟通，都代表着公司的形象，因此在注册邮箱时必须注意用户名的设置。

用户名的选择中，最大的忌讳是过于个人化，如使用昵称、生日、电话号码等作为用户名。此外，在注册邮箱时，还应避免数字和易与数字混淆的字母，如 0、1、o、i、l 等。在商务背景下，电子邮箱用户名可以选择公司名称和个人名字，也可以使用简写或中划线、下划线等符号，如“名姓”“名 . 姓”“名—姓”“名 _ 姓”等。若通过电话或即时通信软件与客户进行语音沟通，可按照以下英文读法告知对方电子邮箱地址：点“.”读作 dot，中划线“—”读作 dash，下划线“ _ ”读作 underline。

2. 设置签名档

跨境电商客服人员可在邮箱签名档中添加姓名、职务、公司名、地址、电话、手机、传真、邮箱、网址、Skype 账号、公司 LOGO 等信息。在写完邮件时可以从设定好的签名档中选择一款作为邮件的落款，自动贴在邮件后发出。签名档的作用是将公司或个人的主要信息以读者喜欢的阅读方式表现出来，加深客户印象并方便客户查找信息。以网易邮箱为例，设置签名档的方法如下：

（1）点击邮箱页面正上方的“设置”，见图 1－3。

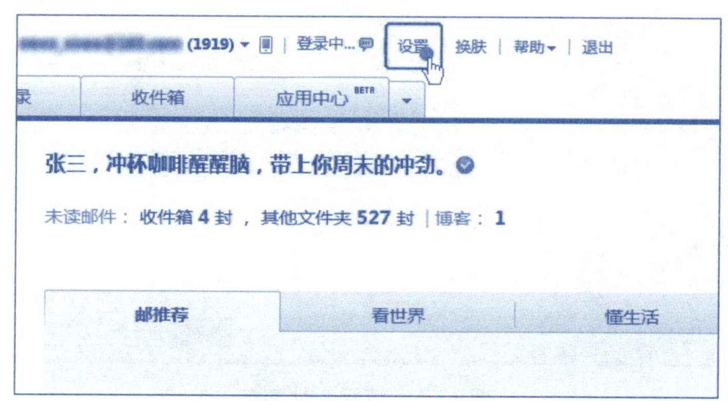

图 1－3　设置签名档

（2）点击“签名/电子名片”，创建普通文字签名或电子名片；点击电子名片下方的“新建电子名片”，可以创建电子名片，见图 1－4。

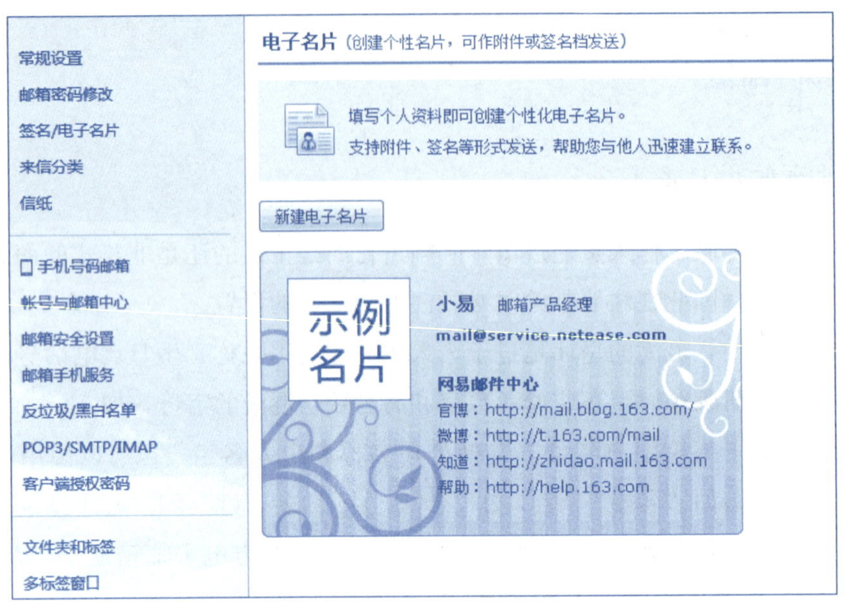

图 1-4 创建电子名片

（3）输入“标题”和“签名内容”后，点击“保存”或“保存并设为默认”，完成签名设置，见图 1-5。选择“保存并设为默认”，该签名将会自动插入到所发送的每封邮件的底部。系统规定一共可以设定 10 个签名档和 5 个电子名片。

图 1-5 填写个性签名

3. 定时发送邮件

邮箱服务商提供定时发送邮件服务，用户可自行设定邮件发送时间，系统到时会自动发送邮件。我们可以借助这一功能解决跨境电商业务中的时差问题，从而避免争议。另外，也可以选择合适的时区和时间让对方收到邮件。

(三) 撰写有效电子邮件

电子邮件的广泛应用导致人们的邮箱里出现了大量无效的电子邮件甚至垃圾邮件。那么，如何写出更加有效的电子邮件呢？我们通过一个案例来回答这个问题。

通过图 1-6 和图 1-7 的对比，我们将撰写有效电子邮件的技巧总结如下：

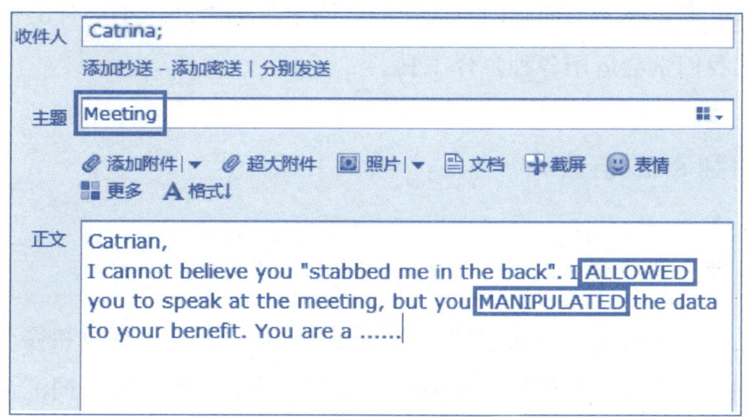

图 1-6 原邮件

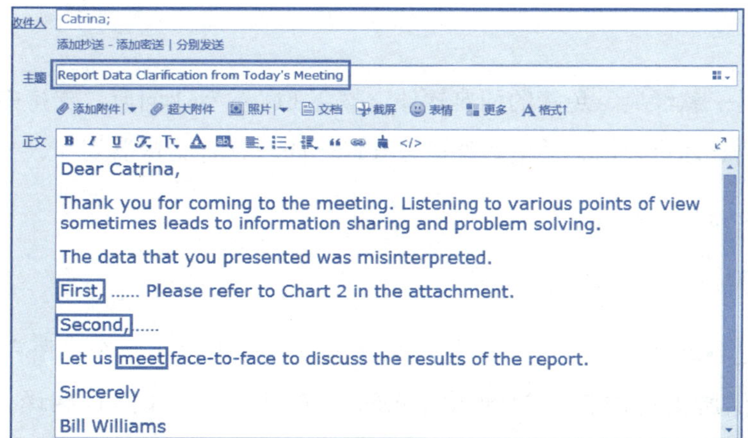

图 1-7 修改后邮件

(1) 标题具体。

(2) 避免使用大写单词。大写的单词意味着情绪激动，看起来像是对收件人叫喊。

(3) 如邮件内容多，需分为几个自然段。

(4) 陈述理由时，尽量分条列举，并提供事实、数据或图表等证据，使邮件更有说服力、更直观。

（5）如要处理的问题比较复杂，尽量邀请对方通过语音进行沟通或采用视频对话方式作面对面沟通，以利于问题的解决。例如："Let us talk through Skype."

（6）发送复杂邮件前，首先使用 Microsoft Word 等软件撰写邮件正文，检查无误后再粘贴至邮箱中。这种方法不仅有利于缓解情绪，还能够通过软件自动纠错功能修正单词拼写错误。

三、运用翻译工具

语言是跨境电商客服人员面临的巨大挑战，除了英语之外，小语种的使用也是不可避免的，这就要求我们学会运用各种翻译工具。

（一）常用翻译工具

1. 有道词典

有道词典是全国做得最好的几家翻译软件之一，同时具有网页版和移动客户端版。其移动端除了查词、推荐英语文章外，还拥有云图书、单词本等功能，词汇量相对丰富，例子多，容量小，查询方便。

2. 金山词霸

金山词霸是一款经典、免费的词典软件，整合 141 本专业词典，支持中文与英语、法语、韩语、日语、西班牙语、德语六种语言互译，同时具有浏览器划译、整句翻译、情景例句等功能。

3. 谷歌翻译

谷歌翻译是谷歌公司提供的一项免费翻译服务，可提供 100 余种语言之间的即时翻译。它可以提供所支持的任意两种语言之间的字词、句子和网页翻译。参考网址 https://translate.google.cn/。

4. CNKI 翻译助手

CNKI 翻译助手是专业翻译网站，在上面很多专业术语都能找到，翻译速度快，参考网址 http://dict.cnki.net/。

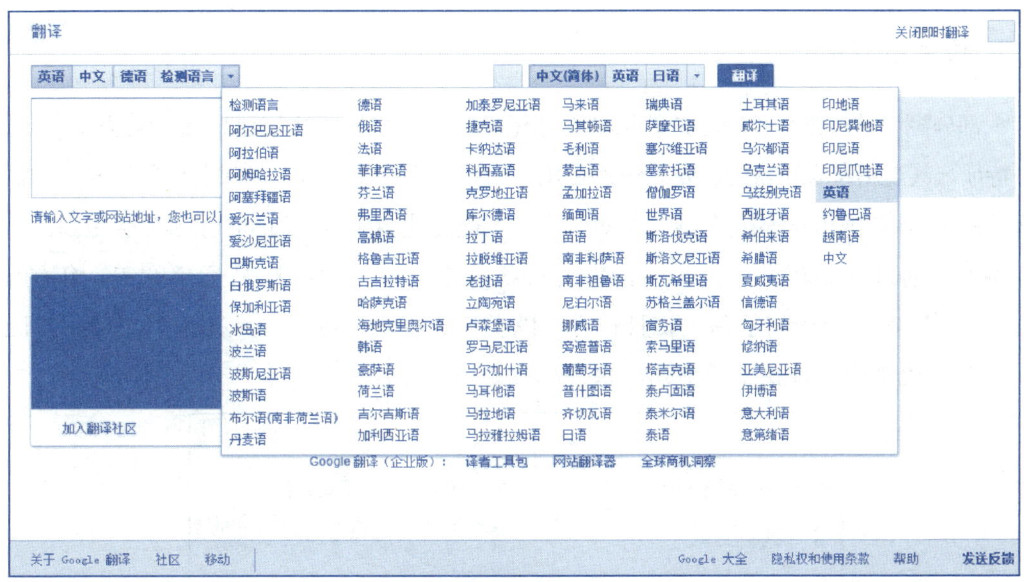

谷歌翻译

CNKI 翻译助手

（二）翻译工具使用技巧

虽然各种翻译工具给跨境电商客服工作中的客户沟通带来了便利，但是机器翻译仍具有很大的局限性，这就需要掌握机器翻译的规律，有技巧地利用这些翻译软件。

1. 避免整段翻译

大部分翻译软件翻译长段落的效果都不理想，翻译的结果往往晦涩难懂，无法体现句子的语法特征，甚至不符合正常的逻辑，语病百出。所以，在使用翻译工具时若仅翻译简单的词语、短语或短句，将较长的从句拆分成几个短句表达，避免使用缩写，翻译的准确度会更高。

例如，通过谷歌翻译“我公司销售各种优质自行车零件，产品远销欧美，年销量达23 000美元”时，由于句子稍长，且包含“欧美”这样的简称，导致图1-8右侧的日语句子不符合语法规律，且缺少“美国”这一信息。

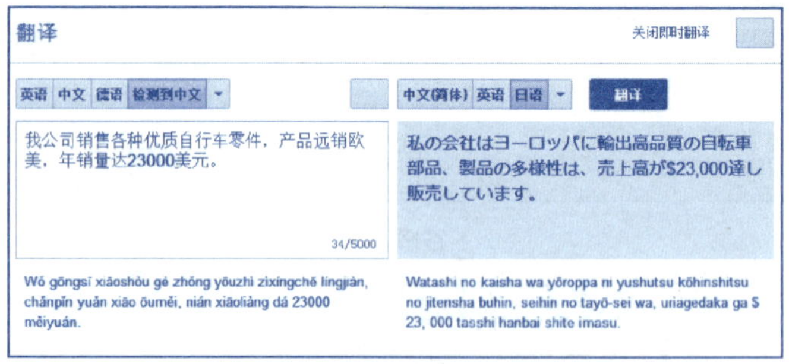

图1-8　谷歌翻译包含简称的长句

将此句子拆分为两个短句，同时将“欧美”改为“欧洲和美国”，此时的翻译结果可读性增强了，且不缺少“远销美国市场”这一重要信息，见图1-9和图1-10。

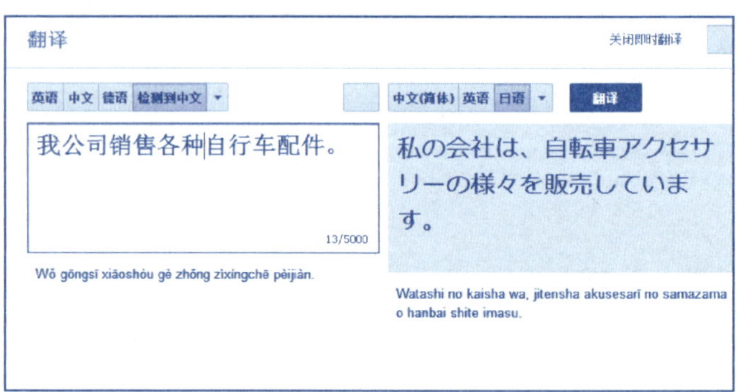

图1-9　拆分为短句后的翻译结果1

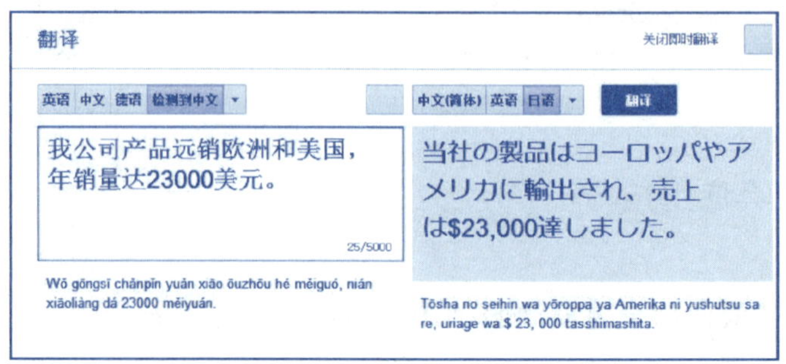

图1-10　拆分为短句后的翻译结果2

2. 以英语为中介

从翻译逻辑和实际使用上来讲，欧洲语系之间的翻译准确度会高于与中文之间的翻译准确度，所以在使用翻译工具进行中文和小语种的转换时，往往偏差较大，有时甚至完全不符合原句的意义。建议不要用中文直接与其他语种对翻，可先将中文翻译成英文，进行适当修改后，再从英文翻译为小语种，准确度将会大大提高，反之亦然。

以图 1-11 中的长句为例，在将中文直接翻译为日文的结果不尽如人意的情况下，可先将其翻译为英文，得到结果为："I sold a variety of bicycle accessories, the products are exported to Europe and the United States, annual sales of 23,000 US dollars." 根据英语句法，将此句进行适当调整，改为："Our company sells a variety of bicycle accessories, and the products are exported to Europe and the United States, with annual sales of 23,000 US dollars." 再将改后的英文句子翻译为日语，则会得到较为通顺的日语句子，见图 1-12。

图 1-11　将原句翻译为英文

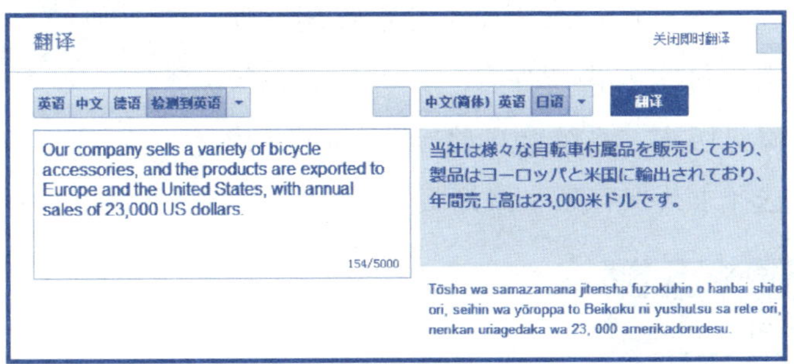

图 1-12　将英文翻译为日文

3. 反复检验

对于重要的信息，如标题、关键词、产品属性等，要使用其他工具进行反复检验，以确保准确性。

（1）使用多个翻译工具检验。

由于翻译词库来源的不同，不同的翻译工具准确度会有所不同。推荐使用网络词库的翻译工具，也就是在线翻译工具。在无法判定哪个翻译工具更准确的时候，可以考虑使用不同的翻译工具去翻译同一句话，然后比较翻译效果。

（2）互翻。

在翻译之后，将翻译结果重新放到翻译工具的源语言框内，进行反向翻译，以核对翻译的准确度。

（3）人工翻译/校正。

对于合同等重要文件，最好通过收费的人工翻译服务获取精准的翻译，以免因翻译不准确而发生纠纷。

四、运用其他辅助工具[①]

除即时通信工具、翻译工具以外，跨境电商客服人员还可以探索和开发其他工具辅助跨境电商客服工作，加深与海外各地客户的沟通，以提供完美的服务。以下工具仅供参考。

（一）Google Drive

只要你有 Gmail，就可以使用谷歌账户关联的一切工具。只要有谷歌账号，就可以使用 Google Drive。用户可以通过 Google Drive 创建、分享各种类型的文件，包括视频、照片、文档等。Google Drive 可跟踪用户所做的每一处更改，用户每次点击“保存”按钮时，系统都会保存一个新的修订版本。系统会自动显示 30 天之内的版本，用户可以选择永久保存某个修订版本。

Google Drive

Dropbox

（二）Dropbox

如果你要分享大文件给其他人，那么使用 Dropbox 会效果很好。在电脑上只要选择文件拖进 Dropbox 就可以实现分享。

① 参见 http：//www. siilu. com/20150723/141923. shtml.

（三）Webex

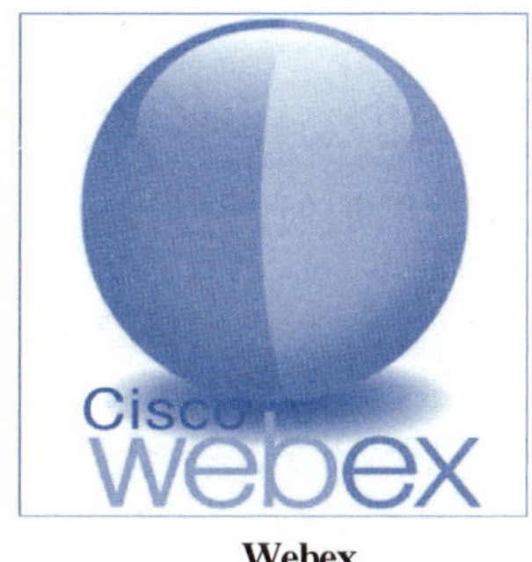

Webex

Webex 是一个可以远程进行会议、分享文件的软件。用户可以在任何时间、任何地点与任何可接入互联网的对象进行实时沟通。Webex 常用于远程会议、视频沟通、网络培训课程、远程技术支持、辅助销售等。

在兼容性方面，Webex 也有非常好的表现，可以很好地运行于不同平台的系统中，甚至移动设备上，苹果系统、安卓系统、黑莓等智能操作系统均支持 Webex。通过下载 Webex 移动客户端，只要有网络支持，即可在移动设备上随时随地享受移动办公的乐趣。

（四）Hootsuite

Hootsuite

Hootsuite 是一个社交媒体管理平台。它可以关联 Twitter、Tumblr、Instagram、Youtube、“Google＋”和 Linkedin 的账号，同时还具有提前设定发帖时间、通过关键词来筛选关注者等功能。

（五）Moz

Moz 发表的博文或者 Seo 的数据是非常权威的，用户可以通过这个软件查看对手的链接，它跟 Aherfs 有相似的功能。

（六）Piktochart

Piktochart 是个信息图在线制作工具。用户可以将信息图导出成静态图，用于 PPT 展示或网页、博客中。用户在传播一些信息或数据的时候，将它们可视化，做成图片，会有更好的传播效果，也能给读者更好的阅读体验。这一点在大数据时代显得尤为重要。

（七）Twiddla

Twiddla 是在线协作会议平台。通过 Twiddla，参与会议的人不仅能够通过画图板协作交流，同时也可以进行文字交流、分享文件、语音交流、分享浏览的网页等。

（八）Jing

Jing 是款用起来很顺手的屏幕截图、录制软件，来自大名鼎鼎的民用数码编辑软件公司 Techsmith，其主要功能就是截屏和录屏。截屏后，可以编辑图片，添加所需内容，还可以一键分享到不同的社交媒体。

（九）Flockdraw

Flockdraw 这款工具提供多人在线协作画图板服务，你的同事、朋友、客户都可以参与你的画图过程并对之进行改造。这有助于一个团队在讨论渠道推广或者制定某些规则的时候进行思想碰撞。

（十）Yammer

Yammer 是一个企业社会化网络服务软件。用户通过 Yammer 可以手动给信息增加 Tags（主题），对信息进行分类，还可以创建不同的群组和网络，以便和公司外部的人联系。随着 Yammer 平台上功能和应用程序的逐渐增多，Yammer 不再仅是一个通信平台，通过它可以投票、聊天、组织活动、发送链接、问答、提出想法等。它提供的 Activity Feed（活动源）可以聚合同事们在所有企业应用程序中的活动，而且用户还可以对内容进行关注。这类似于新浪微博的线性回复模式，增大了 Yammer 的社区功能。但是 Yammer 并不支持转发，相对封闭，因此 Yammer 几乎不具备微博的媒体功能。

Yammer

（十一）Social Mention

Social Mention 是一款免费的分析工具，可以实时搜索各方面的数据，如博客、微博、图片、视频等。虽然它不具备其他分析工具的某些优点，但是借助它可以很快捷地搜寻到一个公司的品牌名称和产品情况。

（十二）Simply Measured

Simply Measured 是一个专门面向大公司和广告机构的分析工具，其使用费用可能远远超过小公司的预算范围，但是它具有许多优点，可以提供以下免费的报告：

（1）推特粉丝情况。

（2）推特客户服务分析数据。

（3）Facebook 页面、Google+、LinkedIn Company 的页面数据。

（4）Facebook 内容分析、Insights、竞争力分析。

（5）Vine Tweet 分析和 Instagram 用户数据等。

一、注册 TradeManager、Skype、Gmail 邮箱账号，并进行基本设置。

二、丽莎收到客户询盘，写了几个版本的回复邮件。请指出哪一个版本是有效邮件，其他版本有什么缺点。

版本 1：

Hi Jack，

So pleased to receive your message，this is Charle from LONGWAY INDUSTRIES CO.，LTD. You asked the prices for 585 sqm，I'd like to say different models have DIFFERENT PRICES，could you kindly tell me which one you wanted?

版本 2：

Hello Jack，

As you request the price for 585 sqm，different models have different prices. Please kindly tell me which models you are interested? We will offer you a reasonable price according to your selection.

版本 3：

Dear Jack，

Thanks for your inquiry about 585 sqm，but there are several types of this item. Please figure out WHICH one you refer to.

版本 4：

Dear Mr. Smith，

This is Charle from Longway Industries Co.，Ltd. Thanks for your inquiry about the price of 585 sqm，but we have many items with different prices. Please let me know which one you are interested. We'll offer you favorable prices.

三、请利用相关翻译工具检测以下询盘的语言，并翻译为英语和汉语。

询盘 1：

Vorrei sapere qual'è il prezzo delle ruote 10 023p310，qual' èla quantitá minima ordinabile e le ulterriori spese da affrontare. grazie saluti Barbara natale.

询盘 2：

Estoy buscando 15 piezas de su producto me podría proporcionar el precio con envío a yucatán，méxico en pesos mexicanos.

询盘 3：

Le rvb imperméable à l'eau a mené le kit flexible de la bande 5m/12v combien $ pour 50 * le kit.

任务二 认识跨文化商务交际

知识储备

一、认识跨境电商的主要国际市场客户

（一）认识美国客户

1. 美国人的性格特征[①]

不同国家的人有着不同的性格特征，人们常常谈及中国人的含蓄、法国人的浪漫，美国人也拥有其鲜明的性格特征：

---

① 王鹤. 跨文化交际视角下探析美国人的性格特征［J］. 现代交际，2012（3）：75.

（1）在沟通上直接、高效。

美国人在沟通上的直接与中国人的含蓄形成了鲜明的文化对比。例如：在美国，婴儿祝福礼（Baby Shower）是每个准妈妈在临盆前一个月为即将出生的婴儿举行的祝福仪式。如果我们不明白美国文化下的这种仪式的含义，就容易造成误解，怎么小孩出生前还要邀请那么多人来洗澡吗？其实，“shower”指的是“shower of blessings”，即阵雨般的祝福，而不是洗澡。聚会的举办人可以是准妈妈的家人或者朋友，会根据B超显示的孩子性别将聚会的场所布置成蓝色调（男孩）或粉色调（女孩）。在聚会之前，准妈妈会在当地的百货公司商店用自己的名字登记一个愿望清单，上面会清晰地标明宝宝出生可能会用到的所有物品。受邀请的客人可以根据这个清单在百货商店里有目的性地挑选礼物。在每一样物品被购买之后，清单上都会有所标示，这样做的目的是防止大家买重。聚会那天，准妈妈会精心打扮，接受来自各位好友的礼物和祝福。

（2）总是寻求改变。

寻求改变与美国人的拓疆经历和精神是密不可分的。在美国人的心目中，不断地寻求改变是一种义务，是不断进取的表现。所以在美式英语中产生了一些用以形容美国人善于变化、进取上进的短语，如“go getters”（能干而有进取心的人）、“think out of the box”（打破陈规）、“push the envelop”（取得突破）等。我们在惊讶于那么多的美国人能够在众多领域获得诺贝尔奖的同时，也会感悟到不断的改变带给美国人的进取、永不言败的精神。

（3）每个人心中都有着强烈的爱国精神。

美国精神的最大体现就是美国的国旗和宪法。在美国，无论是在议会大厦还是居家庭院，到处都可以看到国旗的存在。直率坦诚的性格特点使很多美国人乐于把自己的体恤、帽子、鞋子等都带上星条旗的标志。

（4）不拘小节。

美国人的不拘小节是出了名的。这一点从美国人的穿着和打招呼的方式就可以明显看出来。美国人的穿着大多十分随意，他们认为舒适是最重要的，而不是一些外在的华而不实的修饰，除非在一些必要的正装场合。在一些高档写字楼里，时常能见到高级白领们在办公室里工作时不穿西装、不系领带；在哈佛、斯坦福这样的世界一流大学里，也常常能看到穿着牛仔裤、休闲鞋去上课的著名教授或学者。

（5）个人主义和独树一帜。

个人主义在美国文化中并不是一个贬义词，美国人奉行独立不群的生活，即便需要融入一个群体当中，也时时显现出个体与众不同的一面。在美国人的价值观中，一个弥足珍贵的特质就是掌控自己的命运（control your own destiny）。在美国人的个人意识中，个体的权利和自由是绝对不可侵犯的。一贯墨守成规的日本人曾经戏谑美国人的这种独树一帜，“突起的钉子遭锤凿”；而美国人则坚信“只有吱嘎作响的轮子才有油漆”（the squeaky wheel gets the grease）。因此，一些与众不同的，而又敢于冒险或表达自己思想的人，在美国往往被视为模仿的对象或者是精神的榜样。

这并不意味着美国人在工作上的分崩离析。事实上，美国人十分善于对团队的建设和经营，每个人都会朝着既定的工作目标付出最大的努力。例如，美国人玩的一种“白象游戏”，是一种群体游戏，游戏规则是每个人准备一份自己用不上的小东西作为礼物，用漂亮的包装纸包好。所有的礼物都堆放在一起，编上号码，放在一个袋子里，大家从袋子里抽出一个号码，按号码领取礼物。不满意自己礼物的人可以选择用“甜言蜜语”（sweet talk）来跟别人换。这个游戏时常被视作团队建设的一种手段。

2. 美国人的消费习惯

“美国人是靠信用卡过日子的”——直到今天，这句话仍不过时。Wind 数据显示，美国人均持有 2.9 张信用卡，这是中国 2017 年人均持有信用卡数量（0.39）的 7 倍多。而且两国人民的消费习惯表现出明显差异：七成美国人愿意承担利息，选择分期还款；而挖财信用卡管家的数据显示，仅有三成左右的国内用户愿意承担利息，选择分期还款。这是由用户的储蓄习惯、提前消费的意识共同决定的。美国人最爱消费的项目如下：

（1）第一位：食品。

这主要指的是所有快餐、外卖、自动售卖机提供的饮品等。每年每户平均花费 2 619 美元，占全年总开支的 5.3%。

（2）第二位：礼品。

美国人习惯在各种节庆时互赠礼物。每年每户平均花费 1 067 美元在赠礼上，占全年总开支的 2.2%。

年收入少于 5 000 美元的家庭，平均花费 479 美元，而那些年收入 5 000～9 999美元的家庭，却花费最少，平均只有 261 美元。

（3）第三位：电视和音响设备。

每年每户平均在这类商品上花费 975 美元，占全年总开支的 2%。

年收入 5 000～9 999 美元的家庭，在这一项目的平均开支，比率是 2.5%；年收入 7 万美元左右的家庭，购买电视和音响设备的金额，只占家庭总开支的 1.7%。

(4) 第四位：宠物、玩具、业余爱好和游乐设施。

美国每年每户平均花费 690 美元于此，占全年总开支的 1.4%，其中 80%用于宠物，包括宠物食品和兽医账单。

(5) 第五位：住宿、度假别墅及酒店。

每年每户平均花费 672 美元于此，占全年总开支的 1.4%。

年收入超过 7 万美元的家庭，在这一项目上的平均花费是 1 511 美元，美国东北部的人们平均花费 924 美元在这一项目上，几乎是南部美国人的一倍。

(6) 第六位：门票及入场费。

每年每户平均花费 628 美元于此，占全年总开支的 1.3%。

不同地域，调查结果有所不同，美国东北部的人们比美国南部的人们在这一项目上的花费要多出几百美元。

(7) 第七位：酒精饮料。

这类产品主要包括啤酒、葡萄酒、烈酒和酒精混合饮料。每年每户平均花费 435 美元，占全年总开支的 0.9%。

(8) 第八位：娱乐设备和服务（非必要的）。

这一项目的产品，包括自行车、跑步机、露营设备、狩猎和捕鱼设备、运动器材、游艇、摄影器材和用品等。每年每户平均花费 380 美元，占全年总开支的 0.8%。

(9) 第九位：烟草。

这类产品指烟草产品和吸烟用品，主要包括烟斗和烟草等。每年每户平均花费 380 美元，占全年总开支的 0.8%。

(10) 第十位：服装产品与服务。

这一项目所指的是不必要的开支，指衣物租借和储存、干洗，珠宝首饰和钟表修理。每年每户平均花费 249 美元，占全年总开支的 0.5%。

3. 美国人的沟通风格①

(1) 干脆爽快，直入主题。

美国人的思维模式使其在谈判中习惯于迅速、直接地将谈判引向实质阶段，讨论具体问题。他们语言直率，态度干脆，直入主题。他们欣赏谈判对手的直言快语。在发生纠纷时，他们常表情严肃地表达观点，对问题直言不讳，有时甚至会与对手争得面红耳赤。中国人在遇到纠纷时，常赔笑脸以示豁达。这种东方人推崇的谦虚、忍耐、有涵养的表现可

① 钟丽君．浅谈美国人的性格特征与商务谈判风格［J］．商业现代化，2007（12）：184.

能会被美国人认为是虚伪、自认理亏，从而产生误会。

（2）注重效率，珍惜时间。

美国人的生活节奏极快，因此他们注重效率，希望每一场谈判都能速战速决。他们认为守时是尊重对方的表现，按事先安排的议程行事更有效率，有时为了取得谈判的成功，他们会耐心去适应对方的谈判节奏，但是，这是有原则、有期限的。他们认为，任何超越期限的谈判都是对时间的浪费，会缺乏严肃性从而导致谈判破裂。

（3）关注利益，积极务实。

美国人重实际，讲功利，做生意以获取利润为唯一目的，只要条件、时间合适就可进行洽谈，这与日本等许多国家的商人先交朋友后做生意的理念不同。美国商人非常重视合同的法律性，履约率很高，十分注重违约条款的洽商与执行。美国商人，认为生意就是生意，经济利益要绝对分明。

（4）全盘平衡，面面俱到。

美国商人常常从总交易条件入手谈判，谈妥总交易条件后再谈具体条款，除项目的品质、规格、包装、数量、价格、交货期以及付款方式外，还包括该项目的设计与开发、生产工艺、销售、售后服务以及双方后续合作的事项，面面俱到。

（5）注重质量，兼重包装。

美国商人最关心商品的质量及外观设计和包装。商品的质量是对商品最基本的要求，商品的外观设计和包装是体现一个国家消费状况、刺激大众消费的一个重要因素。美国商人在不遗余力地追求和提高自己商品的内在品质、外观设计和包装水平的同时，努力把好进口商品的质量及包装这一关。

（二）认识欧洲客户

1. 欧洲人的性格特征

（1）德国人的性格特征。

德国人做事严谨，井井有条，生产高效，产品质量高端为世人所称道。德国人的性格成为其整个民族前进和发展的主要动力和来源，其务实的工作作风更是德国成为欧洲经济火车头的重要因素。

1）严于律己。

德国人办事认真仔细，责任心极强，公私分明。德国人具有强烈的“实事求是”的意识，注重实际、不尚浮夸，对一座建筑、一件家具、一套设备似乎都讲究百年大计，讲究内在质量。德国人很讲究形式和准时，无论公私事宜都必须事先约定时间并准时赴约。未经预先约定想与德国人会面，是极难的。如果因故需要推迟约会或取消约会的话，一定要打电话通知对方，否则，不仅失礼，也会被德国人认为是对其的莫大侮辱。德国人工作中讲求效率，注重纪律，一丝不苟。

2）讲究秩序。

秩序被德国人视为生命，人们把一切安排得井井有条，而且时时、事事、处处也都按规定、照计划进行。德国人多随身携带记事本。在德国维持秩序的标志牌和禁令牌随处可见，“禁止”这个词是外国人在德国最常见到的单词之一。讲究秩序还表现在时间安排上。德国人做事前会先制订计划，就连家庭主妇去商店买东西，都要先列一张购物单。

3）举止端庄。

德国人讲究举止端庄，对人敬重适度，事事循规蹈矩。和德国人交往之初，他们给人的印象往往是沉默寡言、不苟言笑，显得呆板；接触长了，你就会觉得德国人待人接物虽然严肃拘谨，但态度诚恳坦直。在公共社交场合，德国人显得非常拘泥形式，不擅长幽默。他们做事一板一眼，谨慎小心，一切按规矩和制度进行，即使与非常熟悉的人也会保持一定的距离。与德国人一起用餐尤其讲究礼仪。入席时，在女主人和其他女客人就座前，男士不能先坐下，男士要帮助女士移动座椅。要将身子挺直、双脚踏在地上，不要多动。等女主人拿起餐具时，方可用餐。

4）坦率真诚。

在私人交际活动中，德国人也会无拘无束地与朋友谈论生活中的烦恼、琐事。德国人十分喜欢欢乐场面，也利用一切机会举行娱乐活动。在德国，人们也有互赠礼物的习惯，多在庆祝生日、订婚、结婚等时送礼，送的礼物都比较实惠，像一束花、一瓶酒，或自己制作的点心等。

（2）英国人的性格特征。

经过几千年的社会变迁，英国人形成了自己独特的思维和行为方式，有着与其他国家人民不同的品质和特点。

1）大部分英国人具有与他人格格不入的孤傲特质。

孤傲是英国人最明显的性格特征，他们不愿意和别人多说话，从来不谈论自己，感情不外露，更不会喜形于色。其他国家的人很难了解英国人的内心世界。英国人为什么具有孤傲的性格特征呢？原因有二：第一，英国是一个岛国，英吉利海峡阻碍了它和外部世界的联系。第二，英国人对本民族的历史感到非常骄傲和自豪。其中，莎士比亚的戏剧对西方文化产生了巨大的影响。英国议会（Parliament）是欧洲最古老的议会，英国是世界上第一个完成工业革命（Industrial Revolution）的国家。特殊的地理位置和与众不同的祖国文明史使得英国人形成了现在的性格特点。

2）大部分英国人有守旧而又不愿接受新生事物的保守思想。

英国人的保守为世人所知，英国人认为他们的做事方式是最好的、最合理的。有人说，英国人需要20～40年的时间才能接受美国目前的新生事物，此话虽然有一点夸张，但也一定程度说明了英国人的保守情况。英国人直到现在也没有采用世界通用的米制（metric system），仍然使用英里（mile），直到1971年才将货币单位改为十进制（decimal system）。英国是世界上为数较少的保持君主制的国家之一。

3）大部分英国人有使用文明用语和讲礼貌的好习惯。

英国人总是为别人着想，他们不会要求别人做不愿意做的事情。如果他们不得不要求别人做什么事的时候，会说得非常客气，诸如“I know the trouble I am causing you，but would you mind…?”或“I don't really like to ask you，but…”等。在日常生活中，如果要麻烦别人，通常说“excuse me”；如果无意识地干扰了别人，要说“sorry”；要求别人重复，一般不说“what”，而是说“pardon”或“sorry”。“please”和“thank you”是英国人经常挂在嘴边的用语。在公共场所英国人不会大声喊叫，他们认为那是不文明的行为。

4）酷爱独居和个人自由的天性。

也许是缺乏空间的缘故，英国人的性格特点中有喜欢独居和个人自由的因子。在英国，人们恪守着这样的名言：“My home is my castle. The wind can come in，but the Kings and Queens and human beings can never come in without my permission.”当英国人搬到新家，他会在自己的房屋周围竖起篱笆，以便和邻居隔开。

5）大部分英国人具有感情不外露的冷淡和缄默性格。

英国人一般不会向别人展示自己的内心世界，当他们高兴时不会喜形于色，当他们悲伤时也不会愁容满面，这一特点在英国上层社会中非常明显。在早晨的地铁中上班族们彼此不说话，只是在看自己的报纸，车内鸦雀无声，偶尔能听到下车的人因为不小心踩到别人脚时说“sorry”的声音。下车后，人们只是走各自的路，彼此不会交谈。在英国，即使在一起工作多年的同事也可能不知道对方的家庭住址、家庭成员、兴趣爱好等情况，因为他们极少谈论个人的事情。

6）大部分英国人具有自我嘲笑的幽默。

英国人很幽默，不过都是一些自我嘲弄的幽默。他们喜欢嘲笑自己的错误、自己的缺点、自己的尴尬境地等。英国人的这种生活态度是多年来形成的，对别人并没有什么恶意。

（3）法国人的性格特征。

1）爱好度假。

法国人会毫不吝惜地把一年辛辛苦苦工作积存下来的钱在假期中花光，且极难使他们错过或推迟假期。所以，想在法国上司或同事休假时找他解决工作中的问题几乎不可能，一定要在他休假前解决，否则只能拖到他休假回来。

2）个人主义。

法国人办事大都依赖自己的力量，很少考虑集体的力量，个人的办事权限也很大。法国企业的组织结构较简单，从下级管理职位到上级管理职位只有二三级。所以每个法国人所负责的工作范围很广，大多精通好几个专业，应付很多工作。

3）“边跑边想”。

法国人是“边跑边想”型的，法国商人在谈妥50%的时候，就会在合同上签字了，但昨天才签的合同，也许今天又要求修改。

（4）意大利人的性格特征。

1）效率不高。

意大利人效率不高、组织性不强，尽管行动匆匆忙忙，却仍然经常迟到。

2）性格外向。

意大利人善于社交，与之谈话会很投机。他们做手势时特别激动，胳膊和手会随着说话挥动不止。

3）相对谨慎。

意大利人虽然性格热情，但在处理商务时，通常比较冷静、不动感情。他们决策过程也比较缓慢，但不同于日本人，他们并不是要与同僚商量，而是不愿仓促表态。所以，对他们使用最后期限策略，作用较好。

4）追求性价比。

意大利人有节约的习惯，与产品质量、性能、交货日期相比，他们更关心的是花较少的钱买到质量、性能都说得过去的产品。如果是向他们买东西，只要价格理想，他们会千方百计地满足用户的要求。

（5）俄罗斯人的性格特征。

1）英勇顽强和善战。

俄罗斯人的这一特点已世界有名。俄罗斯人喜欢勇士，具有勇士的气质。在多次战争中，俄罗斯人不屈不挠、顽强战斗的精神让世界为之惊叹。总之，到了关键时刻，特别是国家存亡和发展的重要关头，俄罗斯人都能毫不犹豫地挺身而出，表现出大无畏的精神。

2）相当勤劳，对感兴趣的事全力以赴。

俄罗斯俗语有“懒人不受尊重”“聪明的大脑不喜欢懒惰的双手”。俄罗斯的自然田园风光非常美丽，这是田园的主人付出了辛勤劳动的结果。俄国社会学家费奥德罗夫指出：“俄罗斯人不喜欢缓慢的、细致耐心的、复杂的、长时间的和系统的工作。他们喜欢全体动员式的紧急工作，对创造性的工作很感兴趣。”

（6）西班牙人的性格特征。

西班牙人的性格是典型的南欧人性格，热情奔放，乐观向上，无拘无束，讲求实际，主要表现在以下几个方面：

1）乐观向上。

西班牙人性格最大的一个特点是乐观向上。他们认为，人活着不应成为生活的奴隶，而要成为生活的主人，要善于驾驭生活，把生活安排得丰富多彩，其乐无穷。

2）热情大方。

凡同西班牙人接触过的人都会有这样的印象：他们开朗坦诚，容易接近和交朋友。即使是与你初次见面，他也会像老朋友那样无拘无束地同你侃侃而谈。

3）自强自立。

西班牙人做什么事都喜欢自己亲自去做，不大愿意求人、依赖人。即使做不好，或力不从心，也决意要去尝试，哪怕失败了也不懊丧。他们认为投入了、努力了就是收获。尤其是对那些富于挑战和刺激的事，他们更有一种冒险和勇往直前的勇气。无论是家庭，还是社会，都鼓励这种压倒一切困难、自强不息的民族精神。

4）按章办事。

没有规矩，不成方圆。西班牙人认为规定是大家定的，因而是不能破坏的，很愿意用规定来约束自己，管住自己。

2. 欧洲人的消费习惯

（1）欧洲人的网购现状分析。

万事达 2017 年的《泛欧洲电商趋势》调查报告显示，欧洲人都非常热衷于网购。这份报告的调查对象涵盖了欧洲 20 多个国家的消费者。调查显示，2016 年，每四个使用互联网的欧洲人中，就有一个人每周至少一次会网购产品或服务。让我们先来看看欧洲人网购的整体情况都是怎样的。

网购最频繁的欧洲国家：9％的波兰人和立陶宛人每天都会网购，8％的英国人、意大利人、西班牙人每天都会网购；41％的英国人、32％的爱尔兰人、30％的德国人每周都会进行网购。

欧洲人网购的物品类型：在英国，网购的人中每三个就会选择一些日常的杂货，英国购物者网购杂货的概率是荷兰人、比利时人和法国人的两倍。在爱尔兰、挪威和希腊，40%的网购者会在网上购买长途旅游产品，而在波兰只有14%，在克罗地亚只有10%。德国网购者最常买的是时装和娱乐产品。

欧洲人网购支付最担心的问题：在进行电商购物和手机购物支付时，所有欧洲人最主要的担心就是遇到欺诈。

（2）欧洲小语种国家将成跨境电商零售出口新蓝海。

据eBay在2016年11月发布的《掘金欧洲小语种市场——eBay中国卖家挺进跨境电商零售出口产业新蓝海》报告显示，以法国、意大利和西班牙市场为首的欧洲小语种国家正在成为跨境电商零售出口产业的“新蓝海”。根据eBay2013年上半年至2016年上半年数据显示，当前eBay中国卖家在法国、意大利和西班牙市场的销售额在三年中平均增幅已超过300%。

根据欧洲电子商务协会调查显示，在所有欧盟国家中，法国、意大利和西班牙消费者的跨境网购意愿尤为强烈。eBay调研数据显示，其中法国和西班牙均有超过80%的消费者表示愿意尝试跨境网购。

据东西方数字新闻（EWDN）2017年2月27日发表的调查显示，2016年俄罗斯电商零售额超过160亿美元，其中跨境电商零售额为43亿美元。外国网络平台向俄罗斯邮寄的包裹数量也显著增长，从2015年的1.35亿件上升到2016年的2.45亿件。经EWDN的专家计算，2016年从中国订购的商品占全部俄跨境订单的80%。

据中国电子商务研究中心（100EC.CN）获悉，在2015年第三季度到2016年第二季度的12个月里，法国、意大利、西班牙开展业务的eBay中国卖家数量同比增幅高达45%，上架商品数量增幅则超过65%。在细分市场，家具和家装工具类商品、旅游用品、健康与美容类商品、计算机及配件、婴儿用品、体育用品等均为卖家重点开发铺货的领域。

3. 欧洲人的沟通习惯与禁忌

（1）德国人的沟通习惯与禁忌。

德国人的沟通习惯如下：

1）德国人非常自信，他们对本国的产品极有信心，在商务谈判中，他们常常会用本国的产品作为衡量的标准。他们坚持己见，对权利和义务分得一清二楚。即使是在日常生活中，他们的权利和义务意识也很强。

2）德国人极其讲究效率，他们认为“研究研究”“考虑考虑”等是拖拉行为。他们崇尚“马上解决”。

3）德国人的思维具有系统性和逻辑性，在商务谈判中，他们的陈述和报价都非常清楚、明确、坚决和果断。如果洽谈对手的思维混乱，会引起他们的反感和不满。

4）德国人在资金上非常保守，不愿意冒风险。所以，他们特别重视对方公司的资信。与德国人谈判前要做好充分的准备。

5）德国人不太热衷于采取让步的方式。因为德国人考虑问题周到、系统，准备充分，但又缺乏灵活性和妥协，他们不愿让步也就不足为怪了。一旦德国人提出了报价，讨价还价的余地就很小。

6）德国人有“契约之民”的雅称。他们崇敬合同，严守信用合同，且要求合同的每一个字都十分准确。一般地说，订了合同他们绝对会履行，不论发生什么问题也不会毁约。

7）德国人有很强的时间观念，如果你谈判时迟到，那么德国人对你的不信任就会溢于言表。签订合同之后，对交货日期和付款日期应严格遵守，要求变更是不会被德国人接受的。

8）德国人只在工作时间谈生意，他们认为晚上是家人团聚的时间。

与德国人进行沟通时要注意以下禁忌：

1）在所有花卉之中，德国人对矢车菊最为推崇，并且选定其为国花。在德国，不宜随意以玫瑰或蔷薇送人，前者表示求爱，后者则专用于悼亡。

2）德国人对黑色、灰色比较喜欢。对于“13”与“星期五”，德国人极度厌恶。

3）德国人对于四个人交叉握手或在交际场合进行交叉谈话，也比较反感，这两种做法都被他们看作不礼貌的表现。

4）向德国人赠送礼品时，不宜选择刀、剑、剪、餐刀和餐叉。以褐色、白色、黑色的包装纸和彩带包装、捆扎礼品，也是不被允许的。

5）与德国人交谈时，不宜涉及纳粹、宗教与党派之争。

（2）英国人的沟通习惯与禁忌。

英国人的沟通习惯如下：

1）英国人对时间非常重视，所以一定要很早就跟英国客户约好时间，而且一定要准时出现。

2）英国人对礼貌的要求比较高。

3）英国人很注重隐私，跟英国人谈事情的时候，不要涉及一些比较私人的问题。

4）英国人比较拘谨，他们不像美国人那样乐意跟陌生人交谈。

5）英国人很绅士，他们喜欢慢节奏。所以跟英国人谈判，要注重相关的礼仪，步调要慢一些，要配合他的节奏。

与英国人进行沟通时要注意以下禁忌：

1）不要随便问年龄，西方人的年龄是保密的。

2）不要随便问婚姻。这属于个人隐私，而且向一个陌生人问这方面的问题也是不合适的。

3）不要随便问住址。西方人认为，若给人留下住址就得请对方到家做客，而西方人是不喜欢随便请人到家里做客的。所以不要随便问英国人家住在哪里。

4）不问信仰。政治见解和宗教信仰都是非常严肃的，不宜随便谈论。

5）英国人十分忌讳百合花和菊花，这两种花被视为死亡的象征。

6）在色彩方面，英国人偏爱蓝色、红色与白色，它们是英国国旗的主要色彩。英国人所反感的色彩，主要是墨绿色。

7）英国人忌讳的数字主要是“13”与“星期五”，当二者恰巧碰在一起时，不少英国人都会产生大难临头之感。对“666”，他们也十分忌讳。

（3）法国人的沟通习惯与禁忌。

法国人的沟通习惯如下：

1）法国人的民族自豪感特别强。他们认为法语是世界上最高贵的语言，在大多数交易中，他们会坚持用法语来谈判，如长期与法国人做生意，最好用法语沟通。

2）法国人天性比较开朗，比较注重人情味。他们认为，“人际关系是用信赖的链条牢牢地互相联结的”，因此相互信任显得尤为重要。

3）法国商人惯用横向式谈判。即先为协议勾画出一个大致的轮廓，然后再达成协议。谈的过程中，喜欢做纪要或备忘录一类的文件，为正式签订合同奠定基础。

4）法国人在摸底阶段很坦率，洽谈时他们能提出建设性意见。如果你只顾谈生意，他们会认为你太枯燥无味，因此在洽谈之前，你可谈些文化艺术或社会新闻等话题。

5）法国人大多靠自己的资金经营，很少靠社会集团的力量。如协议有利于他，他会要求你严格遵守协议；如不利于他，就会要求协商更改。他们认为协议不仅是商品，而且是可以赚钱的商品。

6）法国人的时间观念不很强。在公共场合或正式宴会，主客身份越高，就可来得越迟。法国人的时间意识是单方面的。谈判时如果你迟到，他们会非常冷淡地接待你。

与法国人进行沟通时要注意以下禁忌：

1）法国人忌讳“13”，他们不住 13 号房间，不在 13 日这天外出旅行，不坐 13 号座位，更不准 13 个人共进晚餐。

2）法国人喜爱花，生活中离不开花，但切记商务活动不要送菊花、牡丹、玫瑰、康乃馨、纸花。

3）法国人禁忌的颜色是黄色和墨绿色。

4）在法国，男人向女士赠送香水有过分亲热之嫌。也别送刀、剑、刀叉、餐具之类，若送了，意味着双方会割断关系。送花通常要送单数，但别送不吉利的“13”。法国人除非关系比较融洽的伙伴，一般不互相送礼，初次见面也不要送礼。

5）与法国人沟通中，切忌谈论政治倾向、工资待遇、个人隐私。

（4）意大利人的沟通习惯与禁忌。

意大利人的沟通习惯如下：

1）意大利人在与宾客相见时，习惯热情地向客人问好，一般喜欢客人用头衔称呼他们。

2）意大利人有心直口快、情绪爱激动的特点，谈问题时从不转弯抹角或耍心计，一般都是直来直去，开诚布公。

3）意大利人喜爱绿、蓝、黄三色，视绿色为春天的色彩，认为蓝色会给人带来吉祥，黄色常用于婚礼上。他们偏爱雏菊，认为雏菊象征着意大利人民的君子风度和天真烂漫。

4）意大利人的生意观念是买卖双方处于平等的地位，而不是“顾客至上”。

5）意大利人的时间观念不强，谈判节奏不宜太快。

与意大利人进行沟通时要注意以下禁忌：

1）意大利人忌讳“13”和“星期五”，认为“13”象征着“厄兆”，“星期五”也是极不吉利的。

2）意大利人忌讳菊花。因为菊花是用于葬礼上的花，故人们把它视为“丧花”“妖花”。

3）意大利人忌以手帕为礼送人。他们认为手帕是擦泪水用的，是一种令人悲伤的东西，所以用手帕送礼是失礼的，同时也是不礼貌的。

4）意大利人忌讳别人用目光盯视他们，认为这是对人的不尊敬。

5）在与客人闲谈中，意大利人不喜欢议论有关政治方面的问题，以及美国的橄榄球等话题。

（5）俄罗斯人的沟通习惯与禁忌。

俄罗斯人的沟通习惯如下：

1）俄罗斯人很注意仪表，在公共场合比较注意举止，从不把手插在口袋或袖子里，也不轻易脱下外衣。在商务谈判中，他们比较欣赏对方整洁的仪表，如果你不修边幅来进行洽谈，会使他们反感。

2）俄罗斯人谈判时准备充分，期望在交易中能以少换多，为此会采用各种策略。

3）俄罗斯人不易改变自己的看法。在洽谈时，无论你的价格如何低，他们总是不会接受你的第一次报价。你可以事先印好一份标准报价表，其价格要适当地溢价，以便给后面的洽谈留下余地。

4）俄罗斯客户很看重客户公司的硬件实力，同时也看重价格。

与俄罗斯人沟通的禁忌如下：

1）俄罗斯人也不喜欢13这个数字，因为背叛耶稣的犹太在“最后的晚餐”中排列第13。俄罗斯人也不喜欢666这个数字，认为它代表魔鬼。俄罗斯人喜欢7这个数字，在俄语里7经常被用来形容好的事情。

2）俄罗斯人忌讳黑色，认为黑色是丧葬的代表色。

3）大多数俄罗斯商人做生意的节奏缓慢，因此与俄罗斯人谈判要把握好谈判的节奏。

（6）西班牙人的沟通习惯与禁忌。

西班牙人的沟通习惯如下：

1）西班牙人天性开朗，略显傲慢，谈判时常常怀有一种居高临下的优越感。他们考虑问题很注重现实，对工作、生活中的各种关系和事务的安排，都十分严肃认真。

2）西班牙人一般不肯承认自己的错误，即使承受损失也不愿承认签订合同时犯了错误，更不会主动更改合同。谈判中，如果能够帮助他们找到台阶下，使之避免损失，将会赢得他们的信任和友谊。

3）鉴于社交礼仪和传统习惯，西班牙人认为直截了当拒绝别人是非常失礼的，因此绝不说“不”字。所以在谈判过程中，不要直接让他们回答是或否。

4）西班牙人强调个人信誉，签订合同后一般都会认真履行。

5）穿戴讲究的西班牙人希望谈判对方也做到衣饰讲究，他们通常在晚餐会上谈生意或庆祝成功，他们的晚餐大多从晚上9点以后开始，一直到午夜结束。

与西班牙人沟通的禁忌如下：

1）西班牙人最忌讳“13”和“星期五”，认为这些数字及日期都是很不吉利的，代表厄运或灾难临头。

2）西班牙人不愿谈论宗教、家庭及个人工作等问题，更不愿听到有人说斗牛活动的坏话，因为斗牛在西班牙不仅是一种运动，更是一种艺术。

3）西班牙人忌讳大丽花和菊花，视这两种花为死亡的象征。

（三）认识拉美客户

1. 拉美市场的特点

拉丁美洲是指美国以南的地区，包括墨西哥、中美洲和南美洲，一共24个国家。由于受过西班牙和葡萄牙的统治，所以称为拉丁美洲。大部分拉美国家国内政治混乱，政变频繁，经济落后，经济发展严重单一化，贫富分化严重。

拉美人喜好刺激的体验和生活，关注新奇的事物，也比较喜新厌旧，作风比较散漫，办事不太积极，但天生乐观，热情好客，也善交际，爱开玩笑，不拘小节。

拉美离中国虽距离较远，但网购中国货正在迅速发展。不少拉美人越来越习惯通过阿里巴巴的全球速卖通来购物。根据 2017 年 4 月阿里巴巴公布的数据，速卖通全球客户达到 1 亿，其中巴西客户近 1 000 万。以前拉美人一般都认为中国货便宜、低质，这几年中国产品在拉美市场的形象迅速改变，其关键原因就是“中国造”的质量和科技含量有了巨大进步。

拉美的市场广阔，中拉经济互补性很强，中国品牌进入拉美潜力巨大。手机、汽车目前已进入拉美市场，这些产品可能只是开路先锋，将来肯定会有更多的中国机电产品、高科技产品、金融服务等进入拉美。

2. 拉美人的沟通习惯

（1）在谈判中，拉美人节奏慢，他们不很注重物质利益，较注重感情。一旦与他们成为朋友后，做生意时他们会优先考虑你。

（2）大多数拉美国家都存在代理制。选择代理商时要仔细审查其能力，以免以后出现麻烦。

（3）大多数拉美国家经济落后，所以贸易上采取保护主义，如实行进口许可证制度、复杂的进口手续等。交易中他们较易撕毁合同，让你收拾残局。

（4）拉美国家之间也有不同。如阿根廷人非常欧化，巴西人喜欢娱乐，巴拉圭、智利等国非常保守，秘鲁人时间观念较差等。

（5）拉丁美洲商人责任感不强，信誉不高。在商务活动中，他们不遵守付款日期、无故延迟付款的事情时有发生。

3. 拉美国家的沟通禁忌

（1）阿根廷。

1）忌讳 13 和星期五。

2）避免使用黑色、紫色和紫褐色。

3）约会忌不事先联系；受邀到家中做客一定要准时；客人一般会在主人落座后才坐下，在主人为他们开门时才离去。

4）商务活动必须穿西装，一般不穿灰色套装或套裙。

5）忌讳送菊花；馈赠他人不要送衬衫、领带之类的贴身物品，也不要送手帕。

6）避谈政治、宗教和有争议的问题，如军人干政、白人与土著人的关系；不要非议探戈舞。

（2）墨西哥。

1）忌讳 13 和星期五。

2）忌讳蝙蝠及其图案和艺术造型。

3）墨西哥人没有送礼的习惯，但别人送礼他们也会高兴地接受。

4）鲜花不常作为礼品，但如果馈赠鲜花可以送白色的，不要赠送黄色和红色的花。

5）忌用紫色包装礼品，禁送紫色物品；忌讳菊花；忌送手帕和刀剪。

6）约会要事先联系，贸然造访很失礼，但当地人约会迟到 15～30 分钟是较常见的。

7）认为公共场所男子穿西装、女子穿长裙才合乎礼仪。

8）避谈墨西哥与美国的关系，避谈墨西哥的不平等和贫困。

（3）巴西。

1）对待时间和工作的态度比较随便，主人不提起工作时不要抢先谈工作。

2）忌送手帕；忌讳送刀子，认为刀子会割断友谊。

3）馈赠鲜花不能送紫色的。

4）认为棕色为凶丧之色，黄色表示绝望，棕黄色为凶丧之色；忌黄色与紫色搭配；非常讨厌咖啡色。

5）巴西人很重视亲笔签名，无论是写信还是写便条，都要郑重签下自己的名字，对别人代签或以印章替代签字的做法不理解。

6）讲究穿着，主张不同场合应不同着装，在非常重要的政务和商务活动场合一定要穿西装或套裙。

7）避免说涉及种族的笑话。

（4）智利。

1）忌讳 13 和星期五。

2）忌讳送菊花和在室内摆放菊花。

3）忌送刀、剪子、剑。

4）忌讳黑色和紫色。

5）智利人很守时，与其约会要事先联系，准时赴约。

6）避谈当地宗教和政治。

（四）认识中东客户

1. 中东市场的特点

中东是“两洋三洲五海”之地，处在联系亚欧非三大洲、沟通大西洋和印度洋的枢纽地位，其三洲具体指亚欧非三大洲，五海具体指里海、黑海、地中海、红海、阿拉伯海，交通便利。一般说来中东包括巴林、埃及、伊朗、伊拉克、以色列、约旦、科威特、黎巴嫩、阿曼、卡塔尔、沙特、叙利亚、阿联酋、也门、巴勒斯坦、阿尔及利亚、利比亚、摩洛哥、突尼斯、苏丹。

说起中东，就不能不提阿联酋和迪拜。迪拜是阿联酋 7 个酋长国中的一个，位于阿拉伯半岛的东端，处于“五海三洲”中点的重要战略位置，是东西方的交通要道和贸易枢纽。往来中东 80%以上的货物要经过迪拜进行中转，同时辐射到非洲大部分国家，辐射人口达到 13 亿。在这里云集了非洲近 30 多个国家的客商，常年在这里采购日用、轻工、电器、服装等货物。通常进口交易额度的 75%转口非洲市场，20%转口周边海湾国家，5%直接在阿联酋消费。迪拜素有“中东的香港”之美誉，是阿联酋的金融经济中心，以其自由宽松的经济政策、得天独厚的地理位置、完善齐备的基础设施，迅速成为中东地区的交通枢纽和最大的货物集散地。通过迪拜，货物可转销到海湾地区、俄罗斯、东欧、非洲、地中海。

目前我国产品以种类繁多、档次适中、规格齐全、价格合理颇受青睐，进一步开发市场的潜力极大，尤其是机电五金、汽摩配件、纺织服装、轻工工艺品极具竞争优势。

2. 中东客户的沟通风格

（1）重信誉，讲友情。与中东人谈生意必须首先赢得他们的好感和信任，签订合同后也要定期重温、巩固和加深已有的良好关系，重信义、讲交情的形象会在日后的谈判中获得意外的回报。

（2）谈判节奏缓慢。中东不讲究时间观念，往往随意中断或拖延谈判，且花费较长时间做出决策。他们特别重视谈判前期阶段长时间的、广泛的、友好的会谈，在彼此敬意不断增加的同时，他们对谈判中的一些问题试探、摸底，并间接进行了讨论。

（3）重视中下级人员的意见和建议。在中东国家，谈判决策由上层人员负责，但中下级谈判人员向上司提供的意见或建议也得到高度的重视，他们在谈判中同样具有重要的影响作用，因此与他们做交易时尤其不能忽略专家和技术人员的作用。

（4）代理商在活动中起重要作用。在中东国家，代理商是一个重要的阶层，有了代理商的斡旋与协助，商务活动才能顺利开展。

（5）喜欢讨价还价。在谈判过程中讨价还价是一种受尊重的行为，因此要准备好讨价还价的方案。

（6）喜欢图文结合的资料。他们不欣赏抽象的介绍说明，更欣赏可视性强、直观形象的资料，因此，谈判中可采用数字、图像、文字和产品结合的方式进行展示，增强说服力。

3. 中东国家的沟通禁忌

（1）在中东，客人一定要准时赴约，但主人不一定按时到。在办公室及其他场合，喝茶以三杯为限，吃完茶点之后才开始谈生意。

（2）切忌用阿拉伯人认为“不洁”的左手与他们握手，为他们拿食物或接受对方的物品。

（3）避谈政治问题。

（五）认识非洲客户

1. 非洲电商市场的前景

国家发起的“一带一路”倡议，加上电子商务的发展，使中非贸易在近年发生了一定的变化：中非传统贸易面临下滑的压力，中国中小企业对非出口现状不容乐观，非洲进口商及批发商的诸多需求无法得到满足，如品质问题、交易风险控制等；非洲互联网的发展促使非洲电商的萌芽和发展；非洲高达 7 亿的手机用户也为非洲移动互联网和跨境电商带来更大的机会。这一切都让非洲成为全球最后一片最大的跨境电商蓝海市场。

从非洲市场需求来看，当前非洲正处于人均 GDP 1 500 美元左右，这个阶段很多国家正处在大兴土木的基建期，所以建材、建筑设备、电工电料等产品市场需求旺盛；另外，非洲地区的人口出生率高达 5%，18 岁以下的人口占 60%以上，所以婴幼儿消费、青少年消费都很旺盛。这些都给我们提供了从事非洲电商的切入点。

2. 非洲人的沟通风格

（1）非洲部落众多，部落内部具有浓厚的大家庭色彩。他们认为有钱的人帮助无钱的人是天经地义的。

（2）非洲人办事较拖拉，时间观念较差。

（3）非洲的贸易术语自有定规，谈判中需要一一加以确定，以免日后发生误解或纠纷。

3. 非洲国家的沟通禁忌

（1）同非洲人握手时，不能用左手，他们认为左手不洁。

（2）在妇女的面前不能提“针”这个字，因为他们崇尚丰盈，鄙视柳腰。

（3）Negro 和 Black 是禁语。非洲人对 Negro 和 Black 二词有抗拒心理。强调肤色不同，在非洲是最大禁忌。

二、消除跨文化商务交际障碍[①]

（一）认识跨文化商务交际存在的主要问题及原因

1. 不同的思维方式影响跨文化交际

文化是一个国家经过历史沉淀形成的诸如知识、风俗、艺术、信仰、法律制度等的总和。中国和其他国家，历史的差异导致了文化的极大差异。中国文化深受儒家思想的影响，强调世界上的万事万物都存在联系，在看待问题时，习惯综合考虑，从全局出发，把握整体。这就使得中国人更注重形象思维、综合思维、整体思维。而其他国家则不是这样，甚至恰恰相反。如英、美等国，更注重个体思维，习惯先从个体出发仔细考虑，这样才能掌握整体。文化差异还体现在等级制度上，一些国家存在严重的等级制度，比如印度等。

文化影响思维，而思维方式的不同会直接影响到谈判人员在谈判过程中的谈判策略。比如，中国的谈判人员往往会在谈判过程中着眼于大局，先从整体出发考虑，这样可以避免因为讨论细节问题而影响合作的可能性。而英、美的谈判人员则会把整个大问题细分到小问题来进行探讨，尤其是美国人，他们受线性思维和分析思维方式的影响，往往更注重细节问题。因此，在对外贸易谈判时，中国人认为在原则问题上、大的总的问题上达成一致则表示谈判成功了，但英、美的谈判人员则认为把每一项条款都一一商讨过并达成一致后才算谈判成功。又如，在中国，初次与人见面往往有赠送人礼物的习惯，这仅仅是一种商务礼仪，可是这种习惯在西方人看来是不安好心的表现，他们有时候甚至会认为这种

① 吴宏．商务英语谈判中跨文化交际问题及应对策略探析［J］．烟台职业技术学院学报，2013（19）：16－18．

礼物的背后会有什么利益牵扯。

2. 与人交流的方式不同影响跨文化交际

商务谈判包含了语言交际行为和非语言交际行为。中国人和其他国家的人在这两种交际行为中都有很大差异。中国人习惯用委婉、间接的方式表达自己的观点，这样在表达自己观点的同时，还可以保留对方的面子。而在西方，尤其是以美国为首的国家，他们往往时刻准备着为自己的观点进行争辩，他们的交流方式是直率而诚恳的，而且语气坚定。

语言虽然是谈判人员在谈判过程中使用的有效武器之一，但是非语言行为却能给谈判人员提供一些最真实的信息。即通过非语言行为，则可以观察出对手的部分信息。但是由于中西方文化的差异，非语言行为也存在着极大的差别。如此一来，谈判人员很有可能通过非语言行为而对谈判对手的信息错判。比如说在中国人看来直视别人是非常不礼貌的，然而在部分英语国家，直视对方则是一种自信的表现，他们更愿意和对方通过眼神进行交流。

3. 价值观不同影响跨文化交际

文化的核心是价值观，它代表了一个民族历史发展的演变和发展趋向。同时价值观会影响谈判人员的价值取向。在对外贸易的商务活动中，价值观的差异可以从不同国家的谈判人员对人和事物的区分程度中看出来。中国人的价值观讲究的是领导权威，即个人所属群体，而群体受领导管辖，因此所谓的领导权威便是领导最后做出决策。而且中国还讲究“天人合一”，因此中国人会把人和事统一起来看待。中国人会认为和谐的谈判气氛和深厚的感情对谈判十分有利，强调和气生财。故而在进行商务谈判时，中国的谈判者更希望和对方形成诸如朋友类的亲密关系，喜欢在酒桌上谈事情，通过吃饭增进彼此之间的关系，这样一来办事就方便许多。

而在有些国家，谈判人员会把人和事分开来看。他们认为工作便是工作，朋友便是朋友，二者没有必然的联系。对于中方认为的总体原则在他们看来是可有可无的附属东西，其内部详细内容才是最重要的，而这些才是谈判的关键所在。并且他们只是把谈判过程当作一个解决问题的过程，这个过程会抛开一些感情和其他因素等。因此，在这个问题上中国的谈判人员经常受挫。

4. 时间观念不同影响跨文化交际

中国人习惯了在一个时间内做多种不同的事情，属于多种时间文化。在一个时间内有多个目的需要完成，这一定程度上反映了中国人时间观念不强。在谈判的过程中，中国人会选择利用部分时间来维持人际关系，不单纯地只是为了解决谈判过程中的问题。但是对于那些英语国家的人来说，做事更讲究目的性，在一段时间内他们只是为了完成一个目的。他们非常珍惜时间，能够充分有效地利用每一部分计划好的时间。因此，往往可以看到，在和中方谈判的时候，英语国家的大多数谈判人员都会直接切入主题，不浪费时间寒暄。

5. 法律和道德观的差异影响跨文化交际

每一个国家都有其自身的法律制度，且每一个国家的道德底线是不相同的。这之间的差异对商务谈判的影响也是非同小可的。中国人多先从伦理道德上去考虑和解决问题，再从法律上考虑问题；而英语国家的人却恰恰相反，他们更优先选择法律，在遇到问题的时候更多的情况下是从法律上考虑解决方案。中国人自古认为一味地追求利益是可耻的行为，在古代甚至把经商者列为下等人，但是在国外，经商是再正常不过了。

（二）消除跨文化商务交际障碍的策略

1. 培养谈判人员的跨文化交际意识

跨文化谈判涉及交流技巧和文化知识等诸多方面。谈判的过程是对文化内部的协调过程，每一种文化都有他们自己的谈判方式，这也可以反映出不同的文化底蕴。往往是拥有相同文化底蕴的人之间更容易达成共识，并完成谈判。在跨文化交际谈判中，谈判双方之间的思维方式、交流方式等的不同，使得这种谈判方式更为复杂。因此，在谈判过程中，谈判人员必须拥有跨文化交际的意识，并在沟通过程中，通过各种语言或者非语言行为来克服彼此之间由于文化差异而形成的交流障碍或者是误解。

应该让谈判人员深刻认识到跨文化谈判过程不仅仅涉及国家之间的利益问题，同时它也能够向外界传播我们的文化并感知其他国家的文化。谈判前必须对国家之间的文化差异进行梳理，学习并了解不同国家之间在信仰、目的或者需求上的差异。只有树立起跨文化交际意识，才能了解并尊重英语国家的文化。这样在我们进行谈判时，才不至于因为种种认识的不同而陷入尴尬的局面或者直接导致谈判失败。

2. 理解并宽容不同文化间的差异

有时候，人们会容忍文化发展的不稳定和差异。但更多的时候，人们很难理解和接受与自己文化截然相反的文化。但是，对不同文化进行理解和包容，对于解决分歧和矛盾有着很重要的作用。自古以来，世界文化就是多元化发展的，因此在世界贸易全球化的今天，在进行跨文化谈判时，应该对不同国家的文化甚至是与我们国家截然相反的文化持包容并理解的心态，尊重对手的看法和思维方式，这样才能从根本上化解谈判过程时的冲突或误会。总之，所谓的理解不是单纯地支配一种文化或者受支配于其他文化，而是在谈判过程中建立起相互尊重的伙伴关系，共同经营出双方文化都能接受的第三方文化，从而使双方意见达成一致。

3. 学习跨文化交际知识，提高谈判人员的专业素养

谈判是一种达成共识的过程，因此谈判的过程不是迁就，而是互相理解和弥补。商业全球化之后，世界各个国家或多或少都会参与到商务活动中来。这些不同国家之间的文化差异显著，不同的国家之间如果想要顺利进行商务交流就必须对异于自己国家文化的其他文化进行学习并了解。因此，在跨文化谈判前期，应该对谈判对手的国家文化做一个深入的了解，并研究及制定出详细的谈判方式和策略。这其中包括了解对手国家的风俗习惯、民族文化、宗教信仰或者禁忌等。只有通过如此严密的准备工作，谈判时才能滴水不漏，做到毫无障碍的交流。

4. 总结经验，针对不同国家的客户制定沟通方案

我们国家是一个贸易大国，与世界大多数国家都有贸易往来。在与不同的国家进行跨文化交际时，商务沟通应该具有一定的针对性。就是针对不同的国家制定不同的文化应对方案。同时我们应该总结以往的谈判经验，在不断的实践中积累各个国家不同的文化交流方式，研究出适合不同国家的应对方案。比如，针对西方某些谈判人员在谈判时喜欢按照他们自己的逻辑推理来办事，我们可以观察其逻辑推理中存在的漏洞，找出弊端，迫使他们同意我们提出的条款。又或者迎合西方人谈判时喜欢直言快语的表达方式，摒弃中国人谈判时较委婉的表达方式，直接表述出我们对某些问题的看法，以避免由于表达时的思考或者沉默而引起的误解。

请根据跨文化交流需求，通过调研，列出下列国家客户的特点。

客户特点

国家名称	巴西	沙特阿拉伯	日本	南非
性格特点				
消费习惯				
沟通禁忌				

项目学习成果评价

一、课堂表现评价

重点考查学生到课情况、回答问题情况、小组合作情况。将全班同学分成若干小组来组织教学，每个小组设计一个组名，每次上课在黑板上画出课堂表现评价表。每次课都有评价，评价内容包括：只要本组同学回答问题并回答正确，就给全组加分，每组同一个人不能连续回答问题，必须换人回答才能给本组加分，如果回答错误，其他小组可以回答；小组讨论表现最好的（一组）和较好的（两组）加分；当堂课小组全勤的加分；每项分值由教师指定，每次课结束后由学习委员在分数记录册上进行记录，最终形成该小组分数。

课堂表现评价表

小组	回答或解决问题	小组讨论表现	小组全勤	合计
小组一＿＿＿＿＿				
小组二＿＿＿＿＿				
小组三＿＿＿＿＿				
小组四＿＿＿＿＿				
小组五＿＿＿＿＿				
小组六＿＿＿＿＿				
小组七＿＿＿＿＿				
小组八＿＿＿＿＿				
小组九＿＿＿＿＿				
小组十＿＿＿＿＿				

二、任务实战演练评价

重点考查学生的每个实战演练任务能否按时全面完成、完成质量如何、是否提交可视化学习成果。任务实战演练的评价将作为项目学习成果评价的重要内容。

任务实战演练评价量表

评价标准	完全符合（90～100 分）	基本符合（70～89 分）	基本不符合（60～69 分）	完全不符合（59 分及以下）
任务全面完成，步骤无遗漏				
任务成果装订整齐，排版规范，无错别字				
任务完成步骤正确，逻辑清晰				
按时上交任务可视化成果（文档、照片、视频等）				
方案可实际操作				
演示陈述思路清晰、有条理				
符合法律与平台政策				
符合道德伦理要求				
成本较低				
有创新				
合　计				

三、项目学习成果评价

项目学习成果评价汇总表的分数将作为学生项目学习成果得分，每个小组完成项目学习的可视化学习成果将会存档。

项目学习成果评价汇总表

小组	任务一	任务二	任务三	课堂表现	总评
小组一________					
小组二________					
小组三________					
小组四________					
小组五________					
小组六________					
小组七________					
小组八________					
小组九________					
小组十________					

项目二

跨境电商售前客服

项目背景

作为跨境电商客服专员，欣然在思拓跨境电商科技有限公司的最初 10 天都在熟悉公司企业文化和产品，经过学习和摸索，现在她已经熟练掌握了各种客服辅助工具的使用，熟悉了跨境电商海外主流市场客户的特点。作为新手客服，欣然被分配的任务是开发海外客户，包括收集和整理潜在客户信息并发送客户开发信。公司经理提醒欣然，要通过多种多样的渠道收集潜在客户信息，并且注意筛选优质的潜在客户；在撰写客户开发信的时候要设计出能吸引客户的标题，内容要有针对性，也可以利用客户开发信模板以提高工作效率。

学习目标

◎ 知识目标

1. 列举寻找客户资源的主要方式及使用技巧；
2. 设计有吸引力的客户开发信标题；
3. 说明针对不同国家客户撰写和发送开发信的技巧。

◎ 技能目标

1. 能通过多种渠道及方法寻找潜在客户资源；
2. 能准确分析辨别客户价值、成交可能性；
3. 能根据各国客户特点撰写具有针对性的、成功率较高的客户开发信。

◎ 素养目标

1. 能够灵活利用网络资源和搜索工具；
2. 具备跨文化交际意识和国际化视野；
3. 具备较强的团队意识和服务意识；
4. 具备一定的创新能力和学习能力。

◎ 预期学习成果及支撑（CLO）

项目预期学习成果	课程预期学习成果（CLO）	参考学时
1. 能通过各种渠道收集给定行业的海外客户信息，并分析其客户价值	CLO2	8
2. 能针对给定国家或文化背景撰写有针对性的客户开发信，并设计有吸引力的邮件标题	CLO4	8

任务一 寻找客户资源

一、利用搜索引擎寻找客户

搜索引擎是在互联网上搜索信息的软件系统，它运用特定的计算机程序从互联网上收集信息，对信息进行组织和处理后，为用户提供检索服务，将用户检索的相关信息展示给用户的系统。搜索结果通常包括网页、图像以及其他文件。

跨境电商客服人员，尤其是外贸 B2B 企业的客服人员，在进行客户开发时应该掌握搜索引擎这一有效工具。相对于参加展会、购买第三方平台的会员等方法，搜索引擎是一种更加节约成本且功能强大的工具，但是面对海量的互联网信息，如何使用搜索引擎排除不相关信息，快速锁定相关企业信息，是需要技巧的。

(一) 选择搜索引擎

工欲善其事，必先利其器。我们需要了解目前国内外常用的主流搜索引擎，如表 2－1 和表 2－2 所示。

表 2－1　　国内常用的搜索引擎

搜索引擎	优点	缺点
百度（Baidu）	世界上使用人数最多的中文搜索引擎。更懂中文，更符合中国人的使用习惯	广告多，有竞价排名
360 搜索	强大的技术支持，以及与其相关联的其他软件支持	创立之初就把和百度的竞争放在最重要的位置，忽视了用户体验
搜狗（Sogou）	所具备的功能能满足一般用户需求，尤其是在音乐搜索方面具备一定优势	数据资源比较粗糙

续前表

搜索引擎	优点	缺点
搜搜（Soso）	与 QQ 等其他腾讯软件捆绑，提供了使用上的一定便利，有一些特色功能，比如表情搜索、中国首家街景地图等	缺乏推广意识，更多局限于腾讯自己的生态圈内
有道	做词典出身，擅长英文单词搜索及在线翻译	过于倾向特色，其他功能偏弱

表 2-2　　国外著名的搜索引擎

搜索引擎	优点	缺点
谷歌（Google）	世界上使用人数最多的英文搜索引擎，被认为效率最高、最准确、排序最科学的搜索引擎	Google 中国于 2010 年退出中国大陆市场，将服务器从北京搬至香港，目前大陆地区暂时无法使用
雅虎（Yahoo）	世界上最早的搜索引擎之一，对国内用户而言，可作为 Google 的替代品，主要用于查询英文资源	缺乏核心技术，搜索结果主要由 Google 和 Bing 等其他搜索引擎提供
必应（Bing）	微软开发的搜索引擎，因与微软系统的 IE 浏览器捆绑，使用率比较高	对国内用户而言，IE 的使用率越来越低，Bing 搜索用户较少

资料来源：http：//blog. sina. com. cn/u/5334129417.

除了以上广泛使用的主流搜索引擎之外，在互联网上还有各种各样的搜索引擎，它们有各自的用途、各自的特点，大家可以在学习和工作实务中根据需要来了解、使用。

（二）优化关键词

1. 使用目标国家语言

与目标国家受众交流的第一原则是使用目标国家的语言，而不是我国的语言。跨境电商客服人员在搜索目标国家客户时，应尽量使用目标国家语言关键词。如搜索德国客户，应利用翻译工具将关键词翻译为德语，再使用德国本土主流搜索引擎进行搜索，效果更佳。

2. 使用多样化关键词

在使用搜索引擎搜索潜在客户时，应充分展开联想，尽量扩展关键词范围，避免使用单一关键词。如搜索胶带买家时，核心关键词是 adhesive tape，同时也可搜索它的别称 self-adhesive tape、pressure-sensitive tape 等，还可搜索其下分支产品名称，如 PVC adhesive tape、Anti-static tape 等。

3. 使用精准关键词

搜索引擎关键词选择技巧

在选择好关键词之后，需要对关键词进行精准化优化。首先要扩展关键词范围，将罗列出的关键词与目标国家的用户习惯用语进行对比。例如在开发美国防水材料客户时，我们应该使用英文，由于英语是我们的第二语言，跨境电商客服人员在翻译关键词时常常不够精准，如“防水材料”，英语的母语使用者会使用 waterproofing materials 来表达，而中国等国家的二语习得者通常翻译为 waterproof materials，这就导致搜索结果出现偏差。当然，在注意关键词的精准度的同时，还应注意其与目标用户的搜索习惯是否一致。以搜索北美地区手机为例，根据某知名搜索网站的搜索结果，mobile phone 这一专业的关键词每天只有 6.1 万次的搜索量，而口语化的 cell phone 则有 860 万次的搜索量。显然，cell phone 更符合目标用户的搜索习惯。①

使用搜索引擎找国外客户的 30 种技巧

企业使用搜索引擎找国外客户的 30 种技巧，中国 B2B 研究中心现总结如下，做外贸的各界朋友不妨试试：

1. 搜索产品名称＋importers。（也可以用 importer 代替 importers 进行搜索。不同的产品或者行业，搜索网站的排名往往不太一样，大家可使用自己的产品测试，选取排名比较靠前的网站加以利用。）

2. 关键词上加引号，即搜索“产品名称＋A importer”，在输入时将引号一起输入。这种方法可以保障在搜索出来的网页中我们输入的关键词是连接在一起的，不像上一种方法得到的结果那样，输入的关键词可能是分开的。这样搜索结果虽然数量上大大降低，但准确性必然大大提高。

3. 搜索产品名称＋distributor，搜索时如果加上引号，能得到更准确的结果。虽然这样做可能失去很多潜在客户，但如果运气好的话就可以找到很多分销商的信息。

4. 搜索产品名称＋其他客户类型。相关目标客户的词语还包括：buyer，company，wholesaler，retailer，supplier，vendor 及它们的复数形式，可以用来和产品名称结合搜索。这样搜索出来的结果不会很多，但包含比较丰富的客户信息和其他市场

① 柯丽敏，王怀周．跨境电商基础、策略与实战．北京：电子工业出版社，2016：42.

信息，比如行业状况、竞争对手信息和技术资料等。

5. 搜索 Price＋产品名称。通过这种方法得到的信息，其中一部分往往能让你找到很多在网上销售该产品的零售商和经销商，还有一部分搜索结果是一些市场报告和谈论产品行情的文章，其中比较新的资料可以作为参考。

6. 搜索 buy＋产品名称。这种方法可以帮助你发现可能被我们忽略的求购信息。

7. 国家名称限制方法。在前面 6 种方法的基础上加入国家名称限制。一般从这种搜索结果中可以得到我们关心的产品在目标市场的情况，其中也包含不少客户信息和客户信息源。

8. 搜索产品名称＋关联产品名称。这样的搜索结果往往是一些目标客户网站和行业网站。

9. 搜索产品名称＋行业里著名买家的公司简称或者全称。这种方法可以帮助我们了解行业市场的情况，并能在相关的网站中找到其他买家的名字。

10. 搜索产品名称＋Market research。这种方法可用以搜索某种产品的市场研究报告。一般在这种报告的提要或者内容中，可能会提到很多行业内的著名公司，包括制造商和分销商。

11. 观察搜索引擎右侧广告。搜索产品名称后，注意查看搜索结果右侧广告。搜索引擎网站常常在搜索结果的页面右侧投放一些文字广告。这种方式既照顾到了搜索人不想受广告干扰的心理，也照顾到了广告主的利益。当我们根据以上很多的关键词搜索目标客户信息时，那些广告主提供的服务往往也是值得我们关注的。

12. 寻找行业展览网站。到目前为止，出口营销最为有效的方式还是参加面向国际贸易的行业展览。这类展览一般设有专门网站，网站上往往会罗列上次展览的参展商名单和本次已经报名参展的客户名单。

13. 高级搜索的 title 方法。title 方法的原理是把客户可能用在网页标题中描述自己的关键词找出来，然后在网页标题中搜索关键词。这时候搜索出来的内容相关性将比以往大大提高。

14. 寻找有链接到大客户网站的网页，即查找大客户网站的链入网页。这类链入网页很可能是个比较专业的网页，考虑到该网页可能同时包含其他潜在客户，所以非常值得关注。

15. 寻找引用有客户网址的网页。方法同上，只是查找的是引用客户网址的页面，而不是链入页面。

16. 网址包含大客户公司名。利用搜索引擎的高级搜索功能，输入大客户公司名称，在字词位置选择“网页内的网址”进行搜索。如果某个网站会以某个客户的名称来命名网页，那么很有可能是在介绍一系列的公司，其中还含有其他潜在客户。

17. 多语言方法，即搜索关键词的其他语言写法。这种方法对非英语的国家比较有用，如东欧、南美国家等。

18. 专业文档方法。搜索引擎还提供类似于PPT、PDF、WORD、EXCEL文档的高级搜索功能。互联网上这种文档的数量一般比网页数量要少得多，而且这种文档一般都是专业的资料，绝对值得研究。

19. 网址目录方法。注重在网络上宣传自己的公司往往会将自己登录到Yahoo.com和DMOZ.org这两个世界上最有名的网址目录中。因此，我们也可以到这两个网址目录中去寻找一些客户信息。

20. 企业名录网站方法。全球有一些专门提供买家名录的公司和网站，在这些公司提供的名录中可以找到很多潜在客户信息。

21. 进口商与分销商名录网站方法。可以通过搜索importers directory和distributors directory来查找。

22. 行业网站方法。行业网站在买家、卖家信息的真实性、完整性方面一般都比综合商贸网站专业，而且分类更加细致，更容易找到对口的信息。

23. 综合商贸网站方法。如使用阿里巴巴、环球资源、慧聪网、商品资源网、中国制造网等诸多综合性B2B电子商务平台及其站内搜索引擎。

24. 黄页网站查找方法。在研究区域市场时，该区域的黄页是很有用的，特别是一些新兴市场。

25. 商务部的世界买家网（win.mofcom.gov.cn)。该网站为中国广大出口商收集了世界上40多万进口商的资料，并免费对中国出口商开放。

26. 商务部驻外机构www.mofcom.gov.cn/jingshangjigou.shtml。商务部驻外机构的信息在这里可以查询到。

27. 进出口协会或者商会。我们在开发区域市场时，往往需要罗列该区域的主要进口商，然后选择合适的代理。我们可以参考商务部提供的信息：service.win.mofcom.gov.cn/jmwz.htm。另外，商务部还提供了很多其他免费资料供查询：www.mofcom.gov.cn/quanqiu/qqswzd.shtml。

28. 各国行业商会。在搜索引擎中搜索行业名称＋Association。一般来说，某国的行业协会网站上都包含了制造商、经销商的相关信息。

29. 行业巨头渠道。

30. Alexa网站可以检测一些行业网站、贸易网站的流量，据此来判断这些网站的知名度。

二、利用展会网站寻找客户

作为外贸从业人员，尤其是外贸 B2B 企业跨境电商客服人员，应了解本行业国内外主流展会。每一行业的国内外大型进出口商品展览会都有官方网站，并且包括大量参展商名录等信息（见图 2-1）。在这些展会的网站上搜索到的潜在客户信息更有针对性。

图 2-1 某会展公司官网展会信息

以自行车行业为例，欧洲自行车市场对于中国来说是极其有诱惑力的市场，虽然长期以来欧盟不承认我国的完全市场经济地位，对于我国自行车进口实施高关税，税率可达到 48.5%，并持续到 2016 年，使得我国自行车对欧整车无法实施正常出口，但是欧洲自行车的潜力依旧很大。欧洲是全球最大的自行车消费市场，有巨大市场购买力，且消费心理具有喜新厌旧追求时髦等特点。这些年各个国家尤其是欧洲对于环保推广的力度加大，给予自行车这项绿色产业极大的信心，并且自行车能满足各个年龄层的需求，欧盟估计欧洲自行车购买量每年平均在 1 700 万辆，以德国、法国、荷兰、意大利等国销量最多。我们可以从专业会展公司网站了解欧洲自行车行业主要展会的名称，如图 2-2 所示。

欧洲地区自行车行业的三大展会为欧洲国际自行车贸易博览会（EURO BIKE）（见图 2-3）、德国科隆国际自行车展览会和意大利米兰两轮车展。其中，欧洲国际自行车贸易博览会，又名欧洲自行车博览会，是全球规模最大的自行车博览会，目前在各项数据上均居全球第一。2016 年的展会吸引了来自全球 53 个国家和地区的 1 350 多个参展商，展期内有来自全球 103 个国家和地区的 45 870 多名专业买家与会观展，此外还有 1 766 家媒体代表到场，现场自行车生产商、贸易商、观众积极互动，极大地促进了自行车运动在全球的

图 2-2 某会展公司网站国际自行车展会信息

图 2-3 欧洲国际自行车贸易博览会（EURO BIKE）

发展，并继续成为行业发展的风向标。

在搜索引擎中输入展会名称即可找到该展会网站，并进一步搜索参展商信息。任何行业的跨境电商从业人员都可以使用此方法寻找行业主要展会信息，从而进一步搜索潜在客户信息。

三、利用黄页寻找客户

（一）黄页简介

黄页是国际通用按企业性质和产品类别编排的工商企业电话号码簿，以刊登企业名称、地址、电话号码为主体内容，相当于一个城市或地区的工商企业的户口本。国际惯例用黄色纸张印制，故称黄页。黄页 19 世纪末诞生于美国，当时的电话号簿跟现在的出版物一样都是用白纸印刷的，一次印刷厂由于库存白色纸张不够，临时用黄色纸张代替，没想到印出来的效果比白色纸张的效果要好，于是以后都用黄色纸张印刷，别的印刷厂见后也纷纷效仿用黄色纸张印制电话号簿，慢慢就形成了一个惯例，从此全世界的电话号簿都叫作黄页“yellow pages”。黄页可以以印刷品、光盘、网页等多种形式向公众发布及出版。与搜索引擎相比，黄页更新比较慢，且被黄页收录的门槛比较高，但是黄页提供的信息更为系统化，也更可信。

（二）黄页分类

从形式上看，目前我们所使用的黄页主要有传统黄页和网络黄页两类。传统黄页是纸质媒体以电话号码形式来刊登分类广告和产品，其中包括公司地址、电话、公司名称、邮政编码、联系人等简单信息。传统黄页有查找不方便、沟通方式单一、更新速度慢等缺点。网络黄页使得企业拥有自己独立的网站，多种可以供选择的版本，提供包括企业邮箱、产品动态、数据库空间、买卖信息、企业简介、即时留言、短信互动等功能，具有沟通方式多样化、服务全面和及时、便于查找、信息更新快等特点。

从效果上看，目前的黄页网站有收费和免费两种。收费服务的推广型黄页，可以在网站首页、黄页首页、黄页分类页等位置突出显示企业信息，增加商机。免费注册的普通型商家黄页除了不能在商家黄页首页和相关页面推荐显示外，具有商家黄页的所有其他功能。图 2 - 4 所示的 Europages（http：//www. europages. com/）是寻找欧洲客户的免费

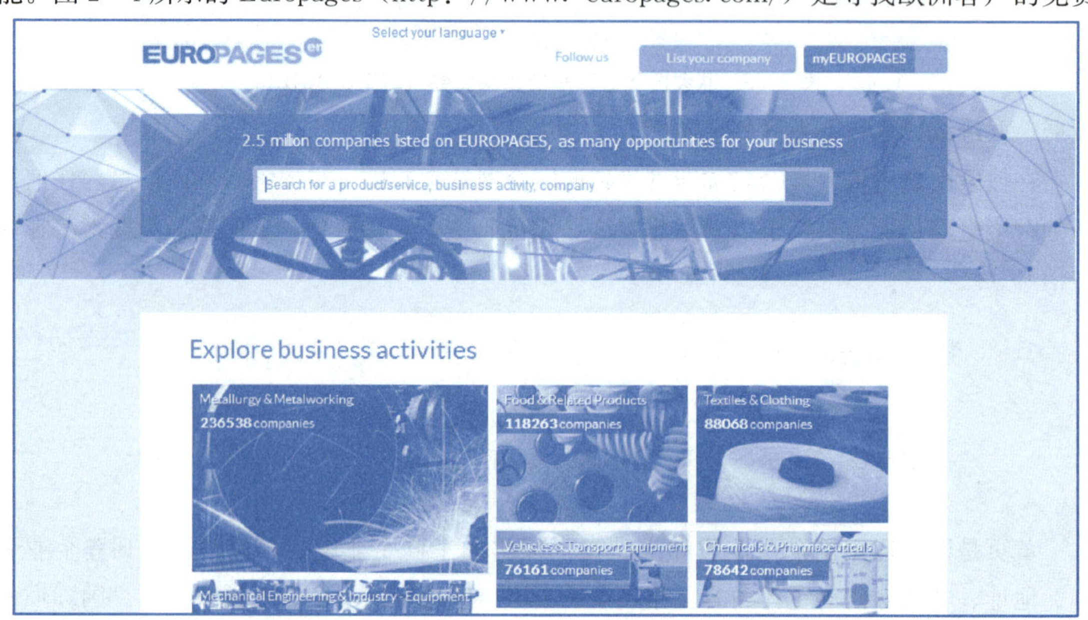

图 2 - 4　Europages 主页

黄页之一，该网站现已推出多达 26 种语言的版本。外贸 B2B 跨境电商从业人员使用率较高的另一个黄页网站是康帕斯（Kompass）（http：//cn. kompass. com/），见图 2-5。康帕斯国际集团是全球领先的市场营销信息集团，拥有全球综合行业的翔实的 420 万家企业产品信息，按全球独创的产品服务分类进行分类。中国企业在康帕斯 70 国子网站上能用 25 种语言推广，找到全球几乎所有主要目标客户信息，获得更多出口机会。康帕斯是全球大中小公司日常搜索买家和卖家必不可少的工具。康帕斯付费用户和免费用户不使用同一检索界面。免费用户只能查看5%～10%客户信息，付费用户则可使用 60 多种检索条件检索，可以查看客户风险等级、财务状况等。

康帕斯中国

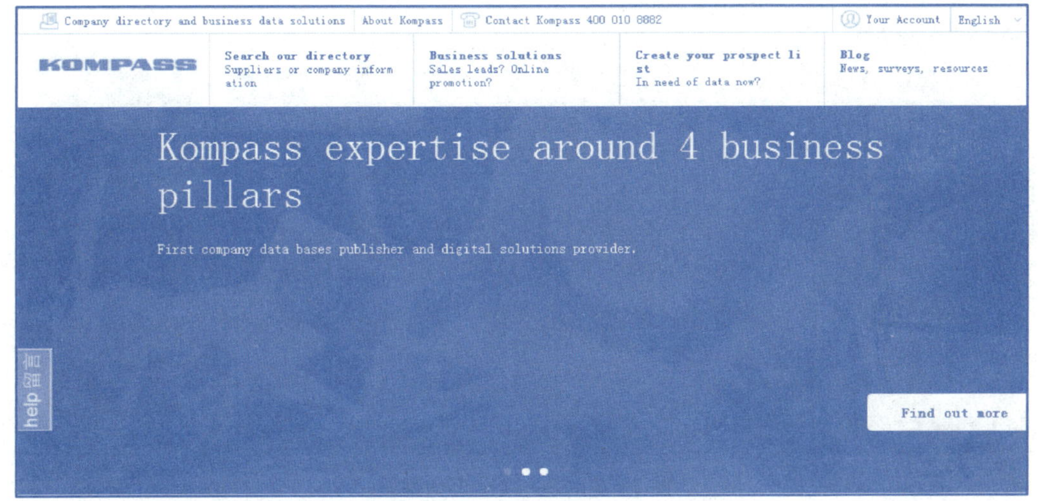

图 2-5 Kompass 主页

（三）黄页使用技巧

使用黄页寻找目标客户要准确知道自己的下游目标客户，例如：LED 灯管出口商可以在黄页里搜索 LED 灯管海外的制造商、分销商，灯泡灯管的进口商、批发商；家用 LED 灯管出口商还可以搜索海外的百货店、综合超市、购物中心、家装零售连锁店等；商用 LED 灯管出口商可以搜索海外电气照明工程公司等。

四、利用海关数据寻找客户

利用海关数据开发客户最大的优点是可以确定这些客户是相对真实有效的；还可以根据数据中的交易量判断采购商的公司规模是否和自己公司的生产能力相匹配。

以易之家网站（http：//www. tradesns. com）为例，进入此网站就可免费搜索北美、印度等海关提单数据买家以及很多买家名录。在“海关数据”频道（见图 2－6）搜索框中输入英文产品关键词，即可获取相关信息。以玩具公司为例，通过美国提单数据查询 WOODY TOYS 公司经营此类产品；通过搜索，可立即获得它的网址 http：//www.woodywoodtoys.nl；通过其公司简介，了解此公司的经营范围；调查该公司产品，了解与自己公司哪些产品吻合；最后在其官网中可找到其联系方式。

图 2－6　海关数据查询网站

利用海关数据库开发客户时要注意以下几点：

（1）确认商品、采购型号、要求等和自己公司的产品是否一致。

（2）分析采购商的规模、采购习惯、采购周期。

（3）分析竞争对手情况，知己知彼。

（4）搜索买家的网站了解具体情况，查找联系方式。

（5）如果公司名称搜索不到，可以搜索公司地址，也就是门牌号。

五、 利用 Skype 寻找客户

Skype 不仅仅是跨境电商客服人员与海外客户进行语音沟通的工具，也是一个开发客户的工具。

打开 Skype，搜索用户的基本方法如下：

（1）输入产品＋国家。

以搜索 LED 产品的德国客户为例，输入 LED GMBH（GMBH 是德国公司名后缀，

“有限公司”的意思），查看搜索结果可以直接找到对口公司，也可以找名片、网址等信息。对于有网站的 Skype 客户，可以直接发邮件或打电话。

（2）搜索客户账户。

通过搜索产品了解到客户账户，再通过搜索引擎搜索确认是否对口。例如，输入 promotion，可能搜索到的都是经营促销礼品的公司，然后限定一个国家搜索对方账户。由于 Skype 在欧洲非常流行，这个方法对欧洲国家客户开发特别有效。搜索到他们的账户后，再查看他们的账户是否在网上公布，是否有网站和联系方式。有时即使找不到这个账户的公司信息，也可能会有意外的收获，找到其他对应产品的公司。

用 Skype 开发客户的技巧

一、Skype 初步尝试

安装 Skype 后，点击“菜单”—“工具”—“搜索 Skype 用户”，可以尝试下列动作：

1. 了解你的目标客户缩写（这一点非常重要）。

本文作为举例，使用缩写字符：MOTA，译名：摩托罗拉公司（美）。

2. 搜索的时候，你可以选择国家；搜索结果出来后，你可以点用户名，让它排序，列出可能的联系方式。

注意，随便加人是很不礼貌的，除非你找到了很好的理由切入。

对于 Skype 语音电话的功能，企业应用得比较普遍，许多公司特别是跨国公司喜欢用 Skype 以节省成本。

二、Skype 搜索客户

使用关键字进行搜索前，需要从取名心理先做一些分析。想想你自己是如何为 Skype 取用户名的。

非常认真的营销员有可能把自己的产品名作为 Skype 用户名的一部分，或者公司强制要求产品名作为用户名的一部分。

值得注意的是，部分产品名的单词，也会被使用做人名。一些跨国公司为了同事之间寻找方便，会有这样的一个不成文规定：各地的同事按地域、所负责产品取 Skype 的用户名。

小结：不建议用产品名作为关键字，除非你有很强的判断能力，否则你很难找准联系人。

“搜索 Skype 用户”功能中，你可以按照地区、性别、对方的语言、年龄来搜索，当然别忘了在“查找 Skype me 状态下的用户”一栏上打钩。只有标了“Skype me”的用户是欢迎别人主动加他的。这点很重要，如果你随意添加用户的话，别人会认为你在骚扰他了。

以首饰类为例，在搜索栏里打入：Jewelry，会搜出很多国家的用户，接着缩小范围搜，譬如 necklace，earring，bracelet，ring……这样就更能体现针对性。

若找到的 Skype 用户有些不是你的目标客户，该如何处理？建议你从中辨别并区分出一些同样是做业务并希望找客户的 Skype 用户，与他们交朋友。虽然他们并不是你的目标客户，但是他们毕竟对自己国家或地区的市场比较熟悉，另外做业务的人一般朋友也不少，等你们真正成为朋友后，对方可能愿意提供一些信息给你，甚至直接介绍一些潜在客户给你。

三、Skype 客户添加与交流

在 Skype 中找客户很容易，只要关键字搜索就可以了，可是搜索到以后怎么让他通过你的身份验证，顺利让你成为他 Skype 里的好友，这才是难解决的问题！

诀窍就在于提交好友申请时要不停地变换提交语。你在找买家的时候可以试试用“Supplier”作提交语，也可以用“hello”“business”等，看哪个提交语别人更容易接受。

加为好友了，先不要说你是做什么产品的，可以先自我介绍一下，例如“我是来自于中国，我对你们的国家及历史文化有兴趣，交个朋友吧”，不要急于求成。如果你的客户变成了你的朋友，你再说你是做什么产品的，他若有这方面的产品要买，肯定会优先想到你。

（资料来源：http：//cweekly. cifnews. com/Article/15309.）

六、利用 Facebook 寻找客户

Facebook 是全球最大的社区平台，数量如此巨大的用户中，一定有我们要找的潜在客户。

以手机壳为例（Phone Case），在搜索栏中输入 phone case（见图 2-7），可以找到很多相关的 Facebook 专页。

如果想看更多的页面，可以点击“查看更多结果”。

搜索到的结果页面大都会标注是哪里的，有多少粉丝（likes）等。选择其中一个页面 https：//www. facebook. com/IPhoneCasesWorld，在简介中我们可以发现这是一个巴西的厂商，还能找到关键的联系信息，如邮箱、地址、网站、电话等，见图 2-8、图 2-9。

图 2－7　搜索 Phone Case

图 2－8　巴西厂商 Facebook 个人主页

图 2-9　巴西厂商详细信息

实战演练

一、请利用本项目中介绍的寻找客户方法或课外了解的方法寻找经营毛绒玩具的潜在客户，并分析各种方法的使用效果。

方法名称	关键词	搜索结果数目	潜在客户数	方法评价

二、建立搜索结果筛选表，并按各网站的参考价值标明星级指数，最高为☆☆☆☆☆。

搜索结果筛选表

结果描述	使用的方法	相关网址	参考价值
潜在客户网站			
展会网站			
黄页网站			
行业网站			
公司名录网站			
其他重要资源			

任务二 撰写开发信

我们通过搜索引擎、展会网站、黄页等渠道获得潜在客户信息后，将自己公司的产品、服务、优势等通过邮件、信函发送给潜在的国外客户，希望建立合作关系，共同发展。潜在的国外客户收到邮件、信函后，如有意向，则会进行进一步的沟通、谈判，最终确立购买合同。在阿里巴巴国际站等第三方平台经由 RFQ 获取客户信息后，有时没有得到客户的回复，此时更应该通过发送开发信进行跟进，以提高回复率。

开发信是客户开发的“敲门砖”，在发送开发信之前要对客户进行分析。切忌在不了解客户类别、客户需求的情况下就盲目地发送开发信。群发模式化的开发信成功率较低，无异于大海捞针。在了解客户需求、客户规模等信息的基础上，结合自己的产品优势和特点，挑选出有针对性的产品，并根据客户特点将开发信模板进行个性化修改，成功率将大大提高。那么，如何写好一封成功率高的开发信呢？

一、设计有吸引力的标题

Return Path 市场调查公司曾调查过收件人打开和阅读邮件的主要原因，调查结果显示，排在前三位的原因分别是：你认识并信任发件人、以前打开过发件人的E-mail甚至有过回复、邮件标题吸引人。对于开发信来说，这三大原因中唯一能让客户打开邮件的是邮件标题有吸引力。只有客户愿意打开的邮件才能使外贸沟通得以实现，无论邮件内容多么具有针对性，如果标题不明确、没有吸引力，客户也没有兴趣打开，最终导致开发信被放入垃圾箱。所以对于开发信来说，一个有吸引力的标题就是成功的一半。

开发信的标题应具有以下特征。

（一）选词精简

客户收到邮件时，由于邮件列表中显示出来的标题字数有限，如果标题过长，客户就无法在有限的字数内明确邮件主题。根据美国营销协会的数据，一个商务人士花在每封邮件标题上的时间大概是 2 秒钟。外贸从业人员每天收发海量邮件，如果不能一眼看懂邮件主题，也许就不会花费更多的时间去打开邮件进一步了解详情。

（二）吸引客户注意力

我们可以通过以下技巧增强邮件标题的吸引力。

1. 标题中嵌入客户信息

将客户信息嵌入标题，使得开发信更加人性化和个性化，也能够表达对对方公司的尊重，容易引起共鸣。

（1）在标题中直接写出公司名称或客户姓名，如客户名字＋产品名称、客户名字＋产品名称＋MADE IN CHINA、客户名字＋我们是××产品的生产商、客户名字＋假定式开发信标题，客人名字＋疑问式开发信标题。

（2）通过搜索对方网站了解客户公司理念等信息，将核心理念等信息巧妙嵌入开发信标题，如对方公司网站上有“Live well，snack well”的宣传口号，那么我们可以将标题设计为：“Live well，snack well，can we involved?”

（3）将客户求购的产品名称嵌入邮件标题，如“Product catalog of bicycle parts”。考虑到有针对性的、体现产品特色的邮件标题成功率较高，可以将此标题修改为“Popular bicycle parts in German market”或“Bicycle parts with military standard”。

2. 标题中嵌入产品报价

价格是客户最关注的产品信息，将产品价格信息嵌入开发信标题能够吸引客户的注意力，如“This ＄10 product could go to ＄30 a piece”，客户很容易被标题中的价格数字吸引。但是，包含产品型号、报价币种等数据的标题邮件有可能被服务器当作广告、垃圾邮件拦截，而且即使客户能够注意到该邮件，也不一定打开阅读，因为他会认为自己已了解了需要的信息。考虑到多数客户重视的是整体性的报价及预算，我们可以使用“Quotations offer one percent less than your target prices”这样的标题，并且用英文单词拼写代替阿拉伯数字，以减少被服务器拦截的概率。

优秀广告标题举例

外贸开发信最关键的是标题，这也是写作外贸开发信的最难点。外贸开发信是否有效，90%以上取决于标题的质量，所以在标题上花功夫确实是应该的。以下介绍一些成功的营销标题并提供部分简单的分析和介绍，以启发大家的思路。

1. A LITTLE MISTAKE THAT COST A FARMER ＄3,000 A YEAR（让农民白白损失3 000美元的一个小小失误）

这个登在农民杂志上的广告非常成功。有时候，“害怕损失”的心理比起“希望获利”的心理对于读者更加有吸引力。人们在心理上总是希望能够抵消、减少甚至完全避免任何损失。

有位知名大企业家说过：“我不会为了赚100美元而夜不成寐，但是为了不损失100美元我却会一周难以安眠。”因此，这样的标题很容易让农民有兴趣去发掘：“究竟是什么失误？为什么说是小小的？我有没有这样的小小失误？别人每年因此损失3 000美元，也许我损失得更多？我得看看我有没有犯错。”

2. ARE YOU EVER TONGUE-TIED AT A PARTY（你是否曾经在聚会时不知如何说话）

直接针对很多过分关注自己并充满自卑的人，他们在聚会时会作壁上观。这个标题引出他们的内心想法：“那就是我！我要看看这个广告，也许它可以让我知道该怎么改变自己。”

【询问式标题的说明】

这里，我们花点时间来讨论一下有关标题的相似之处，首先是询问式的标题。如果继续往下阅读，你会发现：好标题中有很多是这种询问式的标题。这些标题所提出的问题恰好是人们所想知道答案的，它激起人们的好奇心和兴趣去阅读随后的文字主体部分。这些标题本身往往一语中的，绝不拖泥带水或是含含糊糊。好的标题能够提出一种挑战，它让人无法视而不见，让人无法简单地回答“是”或“不是”，需要读者深入地去阅读，它的内容与读者密切相关。

3. HOW TO WIN FRIENDS AND INFLUENCE PEOPLE（如何赢得朋友和说服别人）

使用这个标题的书籍卖出了数百万本。它具有强烈的吸引力，因为我们都想做到赢得朋友和说服别人。标题中“如何”（how to）两字非常关键，如果缺少“如何”两字，这个标题就无法与读者本身的需求密切联系起来，充其量只是一幅墙上的口号式标语（赢得朋友、说服别人）。

4. THE LAST 2 HOURS ARE THE LONGEST—AND THOSE ARE THE 2 HOURS YOU SAVE（最后2小时最为漫长——而你可以省掉这2小时）

这个是航空公司的广告，准确介绍飞机航班。对于经常坐飞机旅行的乘客而言，这个标题显而易见充满了诱惑，因为他们知道在漫长的飞机旅行中，最后两小时是非常磨人耐心的。很多非常出色的标题都源自作者的亲身经历和切身感受，这个毫无疑问也是一样的。这个标题以及本系列里所讨论的其他所有标题，即使不用任何图片来衬托也已经非常出色了。

5. DO YOU MAKE THESE MISTAKES IN ENGLISH?（你说英语时犯这些错误吗?）

这个标题直截了当地挑战了读者。现在请去掉关键词“这些”，然后再读一遍标题。“这些”这个词是直接吸引你进入正文的“钓鱼钩”。读者会想：“这些特别的错误是什么呢？我有过这些错误吗?”另外请注意：这个标题向读者保证了本广告在正文里会提供对他们有用的具体信息，而不仅仅只是些“广告性言辞”。还有很多优秀标题也是这样的。

【具体化表述威力的说明】

这里，我们来讨论“具体化”在好广告中所发挥的巨大作用。这些标题中很多都包含了特定的具体词语，向读者保证广告会告诉他什么具体内容，比如：如何、这里有、这些、其中有哪些、还有谁、哪里、何时、什么、为何等。另外还请你注意，具体化表述的标题还常常应用精确的数量词，比如日、夜晚、小时、分钟、美元、种类等数量词及具体数值。使用具体数字的魅力值得引起你的特别注意，你不仅要注意具体的单词或词语，也要注意它本身对标题含义的意义，例如：比较一下“我们将帮你赚更多的钱”和“我们将帮你支付房租”两者的不同吸引力，注意后面一句更加具体和形象，与读者个人的联系更加密切。

6. DOCTORS PROVE 2 OUT OF 3 WOMEN CAN HAVE MORE BEAUTIFUL SKIN IN 14 DAYS（医生们证明可以让 3 个妇女当中的 2 个在 14 天之内拥有更美丽的皮肤）

女人们渴望有美丽的肌肤。看懂这个标题她们会立即反应：“为什么是 3 个中的 2 个呢？我是其中之一吗？医生们是如何证明的呢？立竿见影的效果正是我渴望的……只要 14 天哦!”

7. GUARANTEED TO GO THROUGH ICE，MUD OR SNOW—OR WE PAY THE TOW！(保证驶过冰、泥和雪地——不然我们支付拖车费)

如果你为产品提供强大保证，请立即把它强烈地高调显示在标题上。不要把它放到不显眼的地方。很多产品其实都有特别引人注目的保证，但是在它们的广告中却没能充分突出这一点。

8. HANDS THAT LOOK LOVELIER IN 24 HOURS—OR YOUR MONEY BACK（24 小时之内让你的手变得可爱——不然退款）

这个说法对于女人具有普遍的诱惑力。使用“做不到就全额退款”来保证效果，让读者不得不去深入探究和阅读。

9. WHY SOME PEOPLE ALMOST ALWAYS MAKE MONEY IN THE STOCK MARKET?（为什么有的人几乎总是能在股市赚钱?）

这个卖书广告促使了读者去检查自己的成果，它使得此书大卖特卖。作者是一家知名股票公司的合伙人。这里重要的关键词是“有的人”和“几乎总是”。这样的说辞留有余地，避免了过分宣传，使得标题显得实际可信。

10. FIVE FAMILIAR SKIN TROUBLES—WHICH DO YOU WANT TO OVERCOME ?（五种常见的皮肤问题——你想先解决哪种?）

读者看到这个标题的反应会是：“我要继续读下去，看看我是否有五个问题中的一个。”不是“你想要……吗?”而是“你想要哪一个?”询问式标题有助于吸引读者进入正文。

11. WHICH OF THESE $2.50 TO $5 BEST SELLERS DO YOU WANT—FOR ONLY $1 EACH?（你想要哪种? 2.50～5 美元的最佳畅销书，每本只要 1 美元的）

标题的价格有比较强烈的吸引力（1 美元对比 2.5～5 美元）。

（资料来源：http：//blog. sina. com. cn/s/blog _ a251a1dc01013kzh. html. ）

二、 撰写有效开发信正文

有效的客户开发信具备简明扼要、量身定制、页面简洁等特点。

（一）简明扼要

在内容方面，开发信正文内容以三段式居多，一般包括公司实力、产品及价值、服务及特点、从业经验等信息，忌长篇大论地描述公司或产品等，对于公司的优势可简单描述。在语言方面，开发信正文以短句为主，可适当使用口语化表达，如辅以小幽默效果更佳。切忌为炫耀英语水平而写出包括过多冷僻词、从句层出不穷的开发信。开发信的精髓就是简单，简单，再简单。

（二）量身定制

在撰写开发信正文时还应注意时时换位思考，要以“先满足对方需求，再达到己方目的”的写作原则，针对客户特点打造有针对性的开发信。例如，客户关注产品价格，我方优势为产品质量，在进行开发信正文撰写时只强调“我方产品质量上乘”并不能够完全打动客户。经过换位思考，站在客户的立场，我们可以强调“我方产品价格与市场价格持平，但是在同等价格下，您能获得性能卓越的产品”。

（三）页面简洁

有些外贸从业人员为了表示强调，喜欢使用夸张的字体、颜色，以及加粗、下划线、斜体等，字体格式过多会造成邮件页面过于花哨，给人信息混乱的印象。一般而言，海外客户比较常用的字体有 Arial、Verdana、Calibri、Times new roman，也有一些用 Tahoma 字体，一部分中国台湾和香港客户会用 PMingLiU 字体。无论使用哪种字体，都切忌使用全部大写字母来撰写邮件。字体颜色一般全部设置为黑色。邮件背景以白色或淡雅的素色为宜。

撰写开发信时还可参考“四不四少”原则：

（1）不长篇大论地介绍公司。

（2）不炫耀英文水平。

（3）不插入超链接或图片。

（4）不说毫无意义的废话。

（5）少说从哪里得到客人的联系方式。

（6）少用第一人称。

（7）少用书面语。

（8）少用中国式英语。

“事件营销”开发信案例

开发信案例

三、利用开发信模板

除了自己撰写开发信，我们还可以通过外贸论坛、外贸博客等渠道搜索各种开发信模

板，进行修改后为己所用。以下为回复率较高的开发信模板：①

模板一：

Hi Sir/Madam，

Glad to hear that you're on the market for furniture，we specialize in this field for 14 years，with the strength of ERU&USA ANTIQUE FURNITURE，with good quality and pretty competitive price.

Also we have our own professional designers to meet any of your requirements.

Should you have any questions，call me，let's talk about details.

Best regards.

模板二：

Dear purchasing manager，

Hello，this Lily Lee from ××× company. Our company is a professional ×× manufacturer with years' experience. We want to avail ourselves of opportunity to establish business relation with you.

By the way，free sample are available.

Thank you in advance.

Best regards.

模板三：

Dear Sirs，

We glad to get your information posted on ××××××× that you are in the market for ××××. We would like to take this opportunity to introduce our company and pro ducts，with the hope that we may work together in future.

This is （Name） from （Company Name） which is specializing in （Products Name） for many years. According to your information posted on ××××，we'd like to introduce this item for you （product information）.

If you want to see more items，please visit our website. Should any of these items be of interest to you，please let us know. We will be happy to give you a quotation upon receipt of your detailed requirements.

We look forward to hearing from you soon.

Best Regards

---

① https：//www.douban.com/group/topic/75171686/.

模板四：

Hey guy，

This is XYZ trading here. We are exporting LANTERNS with good quality and low price in US.

Call me，let's talk about more details.

Rgds

模板五：

Dear Mr. Mukund Kamath，

Glad to get your contact information from Indiamart.

We supply homogenizers and ice-cream freezing machine with good quality and very competitive price. Hope to be a partner of your company.

E-catalog will be provided if needed.

Email me or just call me directly. Thank you.

模板六：

Dear Sirs，

It's glad to write to you with keen hope to open a business relationship with you. I obtained your company name and email address from the Internet.

Ningbo Fenghai Bearing Co.，Ltd. is a factory specialized in Deep Groove ball bearing. Our products had adopted ISO9001：2000 Quality System Authorities.

Hope to hear good news from you.

Sincerely Yours

模板七：

Hi，purchasing manager.

We are ×××× supplier，and we have researched & designed some new product.

If you are interested in，I'll send you our catalogue.

Thanks for your valuable time.

Regards.

模板八：

Hi Kelvin，

Glad to hear that you're on the market for flashlight and other promotional items.

This is ××× from ××× Ltd in China. We specialized in flashlights and premiums for 10 years，with the customers of Coca-Cola，Craft，Pepsi，etc.，and hope to find a way to cooperate with you.

Please find the pictures with models and different packaging in attachment. An American guy purchased this model in BIG quantity last year.

FREE SAMPLES can be sent on request. Call me.

模板九：

Hi Chris,

Glad to hear that you are on the market for stainless steel spinning parts.

We, ××× Co. Ltd, is professional in precision machining for nearly 10 years, covering high precision machining parts, casting parts, metal parts, etc. Hope to establish business relationship with you.

Should you want to know more about our company, please visit Any comments. Thanks.

Best regards

模板十：

Dear Sir or Madam,

Are you interested in saving some money on importing any of the following:

—High quality thickness planer

—Bench planer

—Combined planer & thicknesses

—Wood working machines

All of our products are very affordable as a result of being produced in special economic development regions of China and we are more than happy to help you with the import/export process too.

My contact details are below, and I would be glad to hear from you.

Kind regards

开发信被退信的原因

如果开发信收效甚微，甚至遭遇退信，可能是出于以下原因：

(1) 邮箱地址有拼写错误。

(2) 对方邮箱已经弃用。

(3) 发件人自己的邮箱已满，导致接收不到客户邮件。

(4) 信件有可能被对方的邮箱默认为垃圾邮件，而潜在客户没有定期查看垃圾邮件的习惯。

(5) 网络原因，或者邮箱的稳定性不好，导致发送失败。

(6) 客户国家过节，导致回复延迟。

(7) 邮件的标题引不起客户的兴趣。

(8) 带有附件，客户担心是病毒，不敢打开。

(9) 附件过大，不便打开，耗用资源，客户直接删除。

(10) 客户可能不愿意相信免费邮箱发的邮件并与其有邮件往来，担心信息被窃取。

(11) 对客户无丝毫了解，产品不对路。

(12) 误读客户的求购信息，产品不对路。

(13) 客户的求购信息发布已久，目前无需求。

(14) 给予对方的回信不够及时，对方已经找到好的买家。

(15) 不了解自己的优势产品和没有把握好目标客户，大海捞针，开发信无针对性和目的性。

(16) 开发信所用的字体字号不合适，使客户阅读吃力。

(17) 行文中错别字、语法错误太多，导致客户理解困难。

(18) 行文措辞不够专业。

(19) 信件内容没有做到言简意赅并体现自身产品的价值。

(20) 对方国家对中国的产品给予高关税以制约进口，导致客户无意从中国进口产品。

(21) 对方公司已有自己固定的供应商。

(22) 某些客户发布求购信息单纯只是为了考察市场行情。

(23) 开发信的内容无吸引力。

(24) 某些客户可能不愿与中间商（外贸公司）谈合作事宜。

(25) 产品价格无竞争力，或报价过高，不在客户的期望范围之内。

(26) 对方对你的公司与产品缺乏了解，担心上当受骗。

(27) 某些客户由于对产品的需求时间较急，喜欢更直接的联系方式，例如电话、传真等，但是开发信上没有标明这些联系方式。

(28) 对方可能设置了拒绝接收陌生邮件。

（资料来源：http：//baike. baidu. com/view/8655920. htm. ）

说明下面两封开发信的优缺点。[①]

例信一

主题：

We want to be your furniture supplier

内容：

Dear Trump，

So glad to hear that u are presently on the market for various furniture，and as a specialized manufacture and exporter for this product in China，we hope to establish friend business relations with u.

Please find the attached some of our most marketable products photos for your reference，hope they will be of interest to u，and any inquiries from u are highly appreciated.

Looking forward to hearing from u soon.

Best regards，

Pinky

Address：123 Industry Rd.，Any City，Any Province，PR China

Phone：0086-55-5555-5555

Fax：0086-55-5555-6666

Web Address：www.xyzfurniture.com

E-mail Address：pinky@xyzfurniture.com

中文大意：

主题：我们想成为您的家具供应商

内容：

亲爱的 Trump：

很高兴听说您在找各种家具，而作为在中国专业制造和出口这种产品的我们希望与您建立友好贸易关系。

请查看邮件所附的一些我们最好卖的产品图片，供您参考，希望您对它们有兴趣，我们感谢您的任何询问。

希望很快收到您的回复。

① 薄如骢．小小开发信，订单滚滚来．北京：中国海关出版社，2008.

祝好运。

Pinky

地址：中国某省某市工业路123号

电话：0086 - 55 - 5555 - 5555

传真：0086 - 55 - 5555 - 6666

网站：www. xyzfurniture. com

电子邮箱：pinky@xyzfurniture

例信二

主题：

Take a look at this fabulous furniture—You can sell it like hotcake

内容：

Dear Mr. Trump,

Thank you for your interest in our furniture. I am sure that you want to order sales winners for your company. Here is one that will just do that for you.

Premium YYY ×××× Wood Model：

This Piece of fabulous furniture is made of ×××× A1 premium material and it sells like hotcake in XYZ market since it came out from our production line on Dec. 31st. Last month alone, they sold more than 10 containers of this model. You can be the first to have a trial order and see how it works wonder in your ZYX market.

For this hot item and our other easy-sale furniture, please find the attached product photos and ordering information. Or visit：www. xyz-furniture. com. Your OEM orders are highly welcome too.

Best regards,

Pinky

Assistant Sales Manager, ZYX market

GZ Furniture Co. ,

Address：123 Industry Rd. , Any City, Any Province, PR China

Phone：0086-55-5555-5555

Fax：0086-55-5555-6666

Web Address：www. xyzfurniture. com

E-mail Address：pinky@xyzfurniture

P. S. Order this hot selling item before 2018 Mar. 31st and double your volume Discount. Ask for detail. Good selling!

中文大意：

主题：

看，迷人家具——你可以让它像热狗一样畅销

内容：

亲爱的 Trump 先生：

谢谢您对我们的家具感兴趣。我想您一定希望为贵公司订购畅销产品。这里就有一款提供给您。

YYY 优质××木质款式：

这款迷人家具是用 A1 顶级××木制造。它从 12 月 31 日开始从我们的生产线出来后，在 XYZ 市场像热狗一样畅销。上个月这个款式卖出了十多个柜子。您可以成为第一个在你们 ZYX 市场下订单的，试看此产品为您创造销售佳绩。

有关此热销产品和我们其他的畅销家具，请看所附的产品照片和订购资讯，或登录我们的网站：www. xyzfurniture. com. 我们也欢迎您的 OEM 订单。

祝好运。

Pinky

GZ 家具公司 ZXY 市场销售助理

地址：中国某省某市工业路 123 号

电话：0086-55-5555-5555

传真：0086-55-5555-6666

网站：www. xyzfurniture. com

电子邮箱：pinky@xyzfurniture

又及：2018 年 3 月 31 日前下单订购此畅销家具，您可以享受双倍的数量优惠。详情备索。祝您生意兴隆！

例信优缺点对比

例信	优点	缺点
例信一		
例信二		

项目学习成果评价

一、课堂表现评价

重点考查学生到课情况、回答问题情况、小组合作情况。将全班同学分成若干小组来组织教学，每个小组需要设计队名，每次课在黑板上画出表。每次课都有评价，评价内容包括：只要本组同学回答问题并回答正确，就给全组加分，每组同一个人不能连续回答问题，必须换人回答才能给本组加分，如果回答错误，其他小组可以回答；小组讨论表现最好的（一组）和较好的（两组）加分；当堂课小组全勤的加分；每项分值由教师指定，每次课堂结束后由学习委员在分数记录册上进行记录，最终形成该小组分数。

课堂表现评价表

小组	回答或解决问题	小组讨论表现	小组全勤	合计
小组一＿＿＿＿				
小组二＿＿＿＿				
小组三＿＿＿＿				
小组四＿＿＿＿				
小组五＿＿＿＿				
小组六＿＿＿＿				
小组七＿＿＿＿				
小组八＿＿＿＿				
小组九＿＿＿＿				
小组十＿＿＿＿				

二、任务实战演练评价

重点考查学生每个实战演练任务能否按时全面完成、完成质量如何、是否提交可视化学习成果，任务实战演练的评价将作为项目学习成果评价的重要内容。

任务实战演练评价量表

评价标准	完全符合（90～100 分）	基本符合（70～89 分）	基本不符合（60～69 分）	完全不符合（59 分及以下）
任务全面完成，步骤无遗漏				
任务成果装订整齐，排版规范，无错别字				
任务完成步骤正确，逻辑清晰				
按时上交任务可视化成果（文档、照片、视频等）				
方案可实际操作				
演示陈述思路清晰、有条理				
符合法律与平台政策				
符合道德伦理要求				
成本较低				
有创新				
合　计				

三、项目学习成果评价

项目学习成果评价汇总表分数将作为学生项目学习成果得分，每个小组完成项目学习的可视化学习成果将会存档。

项目学习成果评价汇总表

小组	任务一	任务二	任务三	课堂表现	总评
小组一________					
小组二________					
小组三________					
小组四________					
小组五________					
小组六________					
小组七________					
小组八________					
小组九________					
小组十________					

项目三

跨境电商售中客服

项目背景

婉婷在思拓跨境电商科技有限公司从事跨境电商客服工作已经一年了，公司主要在阿里巴巴国际站上经营 B2B 外贸业务。随着近年来跨境电商 B2C 平台的崛起，尤其是速卖通、亚马逊、Lazada 的迅猛发展，公司决定开拓 B2C 业务。作为跨境电商客服人员，婉婷不仅要处理 B2B 跨境电商平台的业务，还需要逐渐适应新的 B2C 业务。公司经理提醒婉婷，C 类客户为个人客户，虽然订单金额不大，但是对客户体验的要求更高，在和客户沟通时要更加有耐心。

学习目标

◎ 知识目标

1. 列举询盘类别并举例说明其特点；
2. 针对不同种类询盘进行有针对性的回复；
3. 阐述产品咨询和服务咨询的常见问题。

◎ 技能目标

1. 能辨别询盘真伪、评估询盘价值，并回复询盘；
2. 能解答客户产品咨询和服务咨询。

◎ 素养目标

1. 遵守职业道德，服从公司规章制度及平台规则；
2. 能够利用各种翻译工具、沟通工具和辅助工具；
3. 具备跨文化交际意识和国际化视野；
4. 具备较强的沟通能力、应变能力；
5. 具备一定的创新能力和学习能力。

◎ 预期学习成果及支撑（CLO）

项目预期学习成果	课程预期学习成果（CLO）	参考学时
1. 能准确判断询盘真伪、评估询盘价值	CLO5	6
2. 能根据跨境电商客户特点对询盘进行有针对性的回复	CLO4/CLO5/CLO6	6
3. 能预测跨境电商主流市场客户常见的产品咨询问题和服务咨询问题，并给出准确合理的解答	CLO6	4

任务一 处理询盘

B2B跨境电商平台的在线客户服务员类似于传统外贸业务中的外贸销售员或外贸业务员，其主要售中任务是处理询盘。询盘也称咨询，是指交易的一方准备购买或出售某种商品的人向潜在的供货人或买主探寻该商品的成交条件或交易的可能性的业务行为，它不具有法律上的约束力。一般来说，客户询问的主要成交条件有价格、规格、品质、数量、包装、装运以及索取样品等。传统外贸将询盘按内容分为一般询盘和具体询盘。一般询盘通常会索要价目表和产品目录等材料，需要对商品做进一步了解。具体询盘则针对某种特定商品询问价格、交货时间等交易条件。在跨境电商平台上，询盘也称询价，主要是指海外客户向卖家发送的询问某产品价格等要素的信息。

一、认识询盘管理界面

下面以阿里巴巴国际站为例，来认识跨境电商平台的询盘管理界面。①

打开阿里巴巴国际站商机管理中心（即询盘管理中心）后，我们能看到“询价单管理页面”，如图 3－1 所示。

模块 1：所有询价单状态更新为新消息、跟进中、已报价、已下单，且通过顶部导航进行筛选，快速定位到同类状态的询价单。

模块 2：询价单的操作栏，包含分配、移动、删除、添加垃圾询价、设置已读/未读、翻译等。

模块 3：筛选是否展示 TradeManager 的询盘。

模块 4：新增询价单号，该编号为快速定位某个询价提供了方便。

模块 5：左侧菜单栏新增“报价单管理”和“订单管理”。

模块 6：新增“已标记”的筛选项，可直接筛选出已经添加标记的询价单。

① https：//service. alibaba. com/supplier/faq. htm.

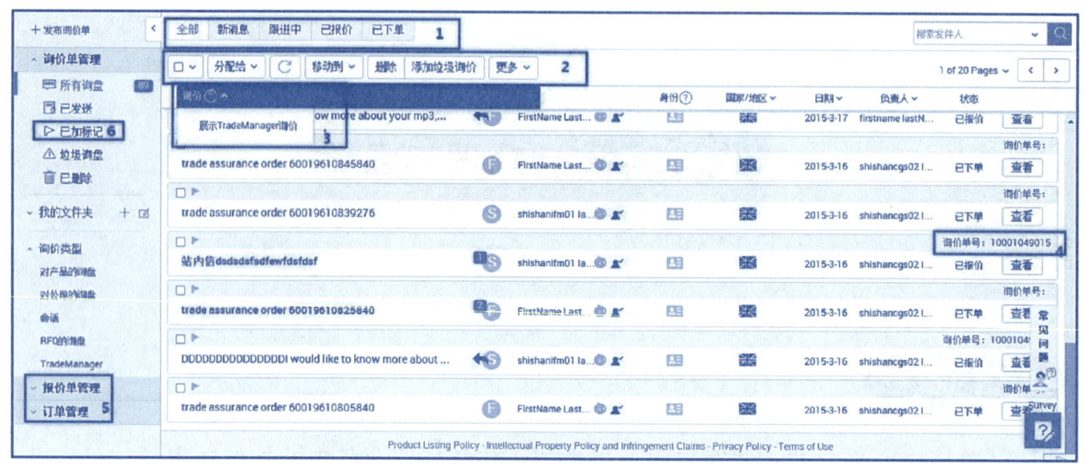

图 3-1　阿里巴巴国际站询价单管理界面

对询盘进行回复后，还可通过以下方法检验客户是否收到回复：

（1）在询盘的会话（见图 3-2）中可以看到买家是否已经阅读。

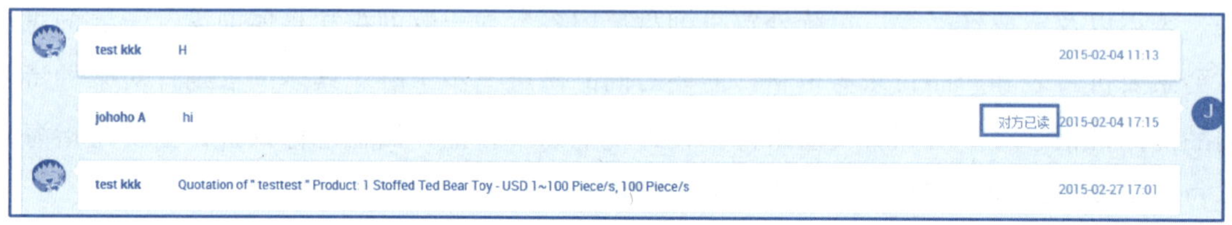

图 3-2　询盘会话模块

（2）在询盘已发送模块（见图 3-3）查看。

图 3-3　询盘已发送模块

注意：当买家通过阿里的后台打开回复的时候，则显示买家已经阅读。如果买家是通过自己的邮箱打开卖家回复的邮件时，系统则无法追踪，无法显示买家是否已经阅读。

二、分析询盘

对询盘的处理是 B2B 跨境电商平台店铺客服在销售过程中的主要工作任务。很多跨境电商客服人员在进行大量的客户开发工作之后，终于收到了询盘，兴奋不已，立刻进行回复和报价。这样做也许会抢到商机获得客户，同样也可能会将重要信息泄露给竞争对手，甚至掉进骗子的陷阱，其原因是在跨境电商客服工作中，收到了询盘并不意味着客户真的有购买意图。如图 3-4 所示，海外客户发送询盘的原因有寻找产品、建立档案、从其他供应商处了解产品最新情况等，甚至有来自竞争对手的询盘。

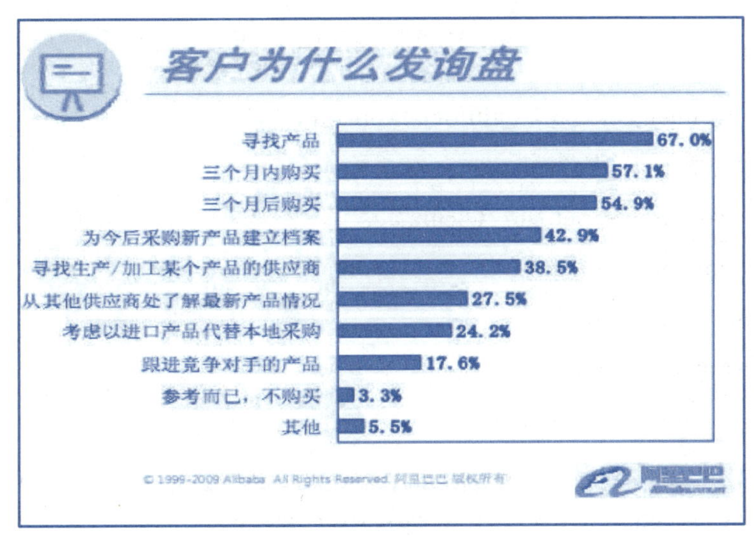

图 3-4　客户发送询盘的动机

所以，在收到询盘后，要进行初步分析。按照询盘质量，我们把常见的询盘分为三种类型：优质询盘、垃圾询盘和可疑询盘。

（1）优质询盘是客户发来的真实的、诚意度较高的询盘，一般需要优先回复。

（2）垃圾询盘为广告邮件、格式化询盘、无价值的群发邮件等。

（3）可疑询盘可能是同行业的竞争对手为了打探信息而发来的询盘，也有可能是买家为骗取免费样品而发来的询盘，甚至有可能是骗子设的陷阱，需要格外警惕。

（一）分析客户联系方式

查看客户在邮件里面是否留有详细的联系方式。如果有网址、电话、传真等详细联系方式的，一般比较可信。

首先，查看客户邮箱是免费邮箱还是企业邮箱。使用免费邮箱说明客户还没有自己的网站或不想透露过多信息；企业邮箱则给我们提供了了解客户信息的有效渠道——客户公司官网。

其次，通过分析客户公司网站等，初步确定客户的实力、所处的区域、是零售商还是批发商、是否代理过其他品牌等。

最后，我们还可以通过查看客户 IP 地址判断客户是否可疑。如果网站有计数器，可以参考计数器里面的 IP 记录，看看是不是有这个 IP 浏览过你的网站。

常见邮箱后缀

阿根廷：@amet. com. ar　@infovia. com. ar

阿拉伯联合酋长国：@emirates. net. ae

阿联酋：@emirates. net. ae　@eim. ae

阿曼：@omantel. net. om

阿塞拜疆：@mail. ru

埃及：@rawagegypt. com

爱尔兰：@indigo. ie　@eircom. net

奥地利：@eunet. at

澳大利亚：@bigpond. net. au　@westnet. com. au

巴基斯坦：@cyber. net. pk

巴西：@sinos. net

波兰：@swiszcz. com

德国：@t-online. de

俄罗斯：@yandex. ru　@mail. ru

法国：@club-internet. fr

几内亚：@sotelgui. net. gn

津巴布韦：@africaonline. co. zw　@samara. co. zw　@zol. co. zw　@mweb. co. zw

科特迪瓦：@aviso. ci　@africaonline. co. ci　@afnet. net

科威特：@qualitynet. net

美国：@aol. com　@netzero. net

蒙古：@mail. mn

孟加拉国：@citechco. net

墨西哥：@prodigy. net. mx

纳米比亚：@mti. gov. na @namibnet. com @iway. na @be-local. com

南非：@webmail. co. za

尼泊尔：@infoclub. com. np @mos. com. np @ntc. net. np

挪威：@walla. com

日本：@candel. co. jp

瑞典：@caron. se

塞浦路斯：@cytanet. com. cy

沙特阿拉伯：@nesma. net. sa

泰国：@adsl. loxinfo. com

汤加：@kalianet. to

土耳其：@mynet. com

希腊：@otenet. gr @spark. net. gr

新加坡：@pacific. net. sg @fastmail. fm

新西兰：@xtra. co. nz

叙利亚：@net. sy @scs-net. org @mail. sy

也门：@yemen. net. ye @y. net. ye

以色列：@zahav. net. il @netvision. net. il

意大利：@libero. it @terra. es

印度：@vsnl. com @wilnetonline. net @cal3. vsnl. net. in

印度尼西亚：@dnet. net. id

越南：@hn. vnn. vn @hcm. fpt. vn @hcm. vnn. vn

赞比亚：@zamnet. zm

中国台湾：@seed. net. tw @topmarkeplg. com. tw @pchome. com. tw

中国香港：@hongkong. com @ctimail. com @hknet. com @netvigator. com @mail. hk. com

（二）查看邮件发送时间

查看客户发来邮件的时间，根据时差判断客户发送邮件的时间。例如，早上九点从德国 IP 发送过来的邮件就比较可疑，因为德国与中国的时差是 7 个小时，此时德国是凌晨两点。

（三）辨别可疑询盘

跨境电商中常见的可疑询盘主要有两类：间谍询盘和诈骗询盘。

1. 间谍询盘

间谍询盘是同行业的竞争者为了套取产品信息而发来的询盘。图 3－5 和图 3－6 是一个经典的间谍询盘的案例。

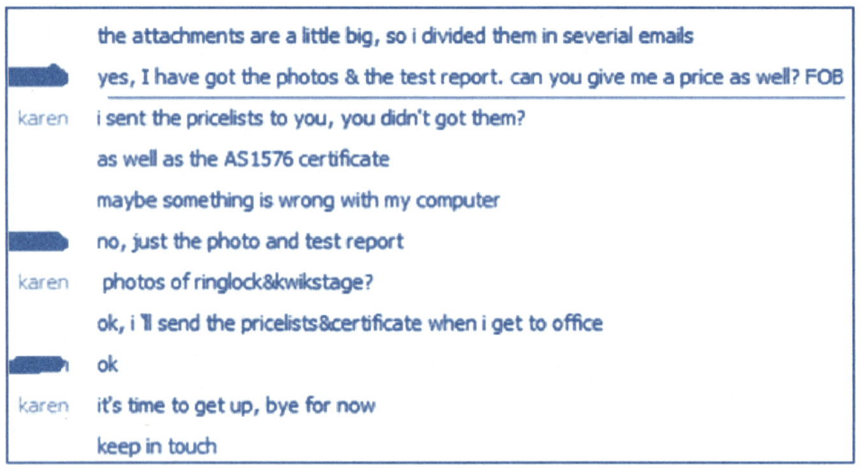

图 3－5　Karen 收到询盘

图 3－6　Karen 跟进询盘

Karen 于 3 月底收到新西兰客户询盘，要求报 FOB 价格。在发出价格后近半个月的时间里，Karen 一直在跟进该客户，但却迟迟收不到回复。于是，Karen 打开了该客户所留的网站，发现该新西兰网站的域名注册信息是设置保护的，不允许查看明细。随后，Karen又仔细浏览该网站，通过链接和其他详细信息发现这家公司是广东的同行公司。也就是说，该询盘是来自同行的间谍询盘。Karen在没有仔细研究询盘发送者的前提下，将价格等重要信息泄露给了同行。因此，在收到询盘后，必须仔细调查客户信息，以确定询盘的真实性。

2. 诈骗询盘

诈骗询盘一般具有以下特点：

（1）邮件很长，且包含过多无关信息。

（2）对于支付方式含糊其词，只关注样品。

（3）不关注产品和条件，一味强调信用。

（4）对来自印度、非洲（如尼日利亚）的询盘要重点甄别。

（5）邮箱用户名包括无规律的数字。

请看下面的案例：

发件人：John _ tom36@yahoo. com

主题：Order of Sweater

Dear customer service,

I am John Tom and I am sending this E-mail to order some sweaters. I will like you to email me back with sizes, types and prices you have in stock, and also let me know the type of credit card you accept for payment, and can you email me with your contact full name and phone number that I can call to place the order.

Yours

John Tom

通过对以上案例进行分析，我们发现该邮件很有可能是诈骗邮件，原因如下：

询盘分析案例

第一，对方邮箱用户名包括无规律的数字“36”。邮箱用户名不规范，且有可能是骗子众多邮箱中的一个。

第二，邮件主题为Order，这对于急于接单的客服人员来说，是个极具诱惑力的敏感词。

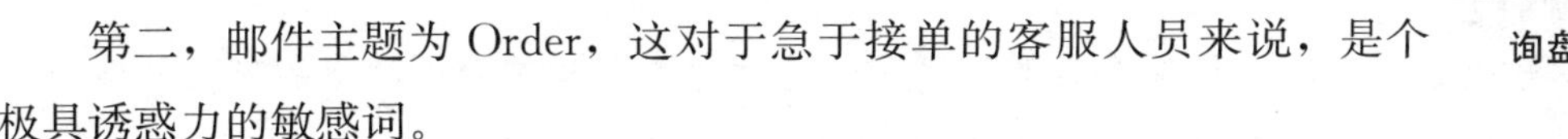

第三，发件人的名字有误，John和Tom都是欧美人的名字，缺少姓氏。发件人显然对欧美文化不甚了解，伪装自己为欧美客户。

第四，在一般的跨境电商交易中，并不需要信用卡类型等信息。

询盘类型

1. 寻找卖家型

这种类型的询盘人正在寻找你所提供的产品（或类似的产品），执行着采购计划，在为完成采购任务而奔忙。其询盘最大的特点是：目标明确（例如，有品名、要货数量、交货条款等），信息全面（例如，有公司名称、地址、电话、传真、联系人等），询问专业，问题详尽。你的及时回复无疑是雪中送炭。对于这类询盘要高度关注，及时、准确、全面、专业的答复和有竞争力的报盘是达成交易的关键。

2. 准备入市型

这种类型的询盘人也许在他所在的国家已经有了经营经验，但对你的产品还不够了解；也许他的客户已经到他这里询盘；也许他已经知道通过进口你所提供的产品可以获得较高的利润。总而言之，他们已经准备和你做生意，但许多具体问题还须解决。在这类人的询盘中，一般信息比较全面（例如，有公司名称、地址、电话、传真、联系人等），但你从所提问题的专业化程度可以对其做出判断。这类客户是你的潜在客户，他们需要你的培育。耐心、专业的回答和恰当的跟踪，有利于不断培养他对你的信任，不断增强他和你做生意的信心。

3. 无事生非型

现在有很多在线交易市场或其他的贸易平台，为了便于用户查询，都提供了一种组合查询的功能。用户使用这种功能，只要在他感兴趣的产品后点击选上，就可以给供方发去标准格式的询盘邮件。这虽然是个好办法，但给一些无事生非者也提供了方便，他们毫不费力地选择后，你就可以收到他的一个很像样的询盘。这时，你是非常关注，实际上对方毫无兴趣。对于这样的询盘（一般在邮件格式中都会说明它来自什么网站），撰写一封通用格式的电子邮件，表达你非常希望和他建立业务关系，并请他们更多地介绍他们自己的信息。将这样的邮件发给对方，就会将这类人过滤出去，因为他们大多不会回复你。

4. 信息收集型

他们是技术人员，他们现在正要开发或仿造和你的产品相同或相似的产品，他们需要了解市场、了解产品、得到更多的同行信息。十分专业是这类人的询盘的特点。也许和他们交流一两次，他们就会付购样品款。但是，他们永远不会成为你的客户，相反，他们有可能成为你在他们国家的竞争对手。回复这类人的邮件时要把握专业的尺度，对于超出销售的话题，要设法有礼貌地拒绝。

5. 索要样品型

这类人的目标是索要免费样品。他们多是欠发达国家或地区的客户。经过交流，你会发现他对价格、质量等并不关心，他关心的只是给他送样品。坚持让他付样品费和邮费，会使他远离你。

6. 窃取情报型

他是你的竞争对手，是有备而来的。他利用互联网的特点，装扮成外国客户来刺探你的价格、交易条款等信息，从而制定出他自己更有竞争力的策略。这是最难回复的邮件。他可以伪装成就要给你下订单的样子，你不得不告诉他你的信息。这种类型的人，除了有互联网经验的人用技术手段鉴别外，多是通过多次往复的交流，主观甄别出来的。

（资料来源：http：//www. ebrun. com/online _ trading/5941. html.）

三、 回复询盘

当优质询盘被甄别出来以后，就要对询盘进行回复。总的来说，在回复询盘时要注意一些原则，具体见图 3 - 7。

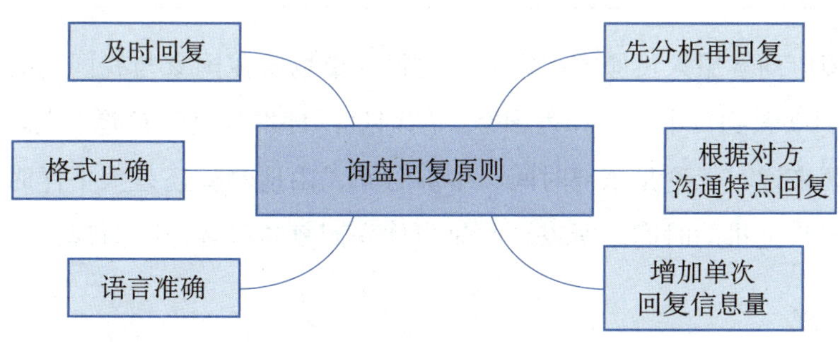

图 3 - 7 询盘回复原则

下面主要从语言技巧和回复技巧两个方面来学习如何回复询盘。

（一）语言技巧

邮件的语言应该是正式又亲切的，二者缺一不可。在称呼对方时，尽量使用礼貌称谓、职位、姓名等。如 Dear Mr. White 和 Dear Ms. Jones 显然要优于 Dear Sirs。

很多客服人员回复邮件时，开头一律使用 Thanks for... 或 Thank you for... 如果能使用客户母语打招呼，会给人以温暖、亲切的感觉，如回复巴西客户邮件时以 Como Vai 开头、回复印度客户邮件时以 Namaste 开头等。

心理学家发现，在面对问题时，人们的习惯做法是不自觉地回答而不是拒绝。因此在邮件结尾时，可适当使用问句，如“What do you think about...?”“What's your idea about...?”等。

（二）回复技巧

1. 回复时间

询盘回复要及时，以便让买家第一时间收到回复。然而，跨境电商客服人员每天会收到大量的客户询盘，如何统筹时间，实现以最快速度回复优质询盘呢？我们将询盘分为A、B、C、D四个等级，具体参考表3-1。

表3-1　询盘等级

询盘方式	所需费用	迫切程度	等级	回复方式
电话	高	高	A	电话、邮件
IM	无	较高	B	IM
传真	高	较高	B	传真、邮件
邮件	无	一般	C	邮件
留言	无	低	D	留言

此外，跨境电商客服人员应牢牢掌握主要目标市场所在国家与我国的时差，以便统筹时间。如在20:00看到日本客户和美国客户的询盘，日本与我国时差不大，当地是下班时间；而对于美国来说，无论是东部时间、中部时间、山地时间还是太平洋时间，都是客户的上班时间或即将上班的时间。所以，此时应优先回复美国客户的询盘。

2. 寄样处理

在回复询盘时，“Would you please send us some samples?”这句话已经成为许多客服人员的噩梦。要求寄送样品的客户过多，样品数量又有限，如何在保证成本的前提下满足客户需求呢？可以采用以下方式应对客户的寄样要求。

（1）背景调查：通过详细的背景调查，确定该客户为优质客户且成交可能性极大时，可寄样。

（2）使用邮政小包等价格低廉的邮寄方式。

（3）通过到付的方式寄样。

（4）下单后扣除样品运费。

（5）以图样册代替样品。

（6）使用电子版资料，如图片报价单等。

3. 跟进客户

对于迟迟不回复的优质客户，要进行定期跟进。但如果每次发送相同主题的邮件，容易造成客户反感。客服人员不妨以节日问候、放假通知、价格变动等为由，向客户发送跟进邮件。在避免引起客户反感的同时，还能拉近彼此的距离。

（三）回复小语种询盘

跨境电商客服人员面对的客户不仅仅来自英语国家，收到的询盘也可能是多种语言的。遇到不熟悉语言的询盘，不要将其当作垃圾邮件，小语种询盘往往成交的可能性更大。但是，小语种询盘对跨境电商客服人员提出了更大的挑战：一是语言障碍，二是市场障碍。现阶段，小语种询盘属于蓝海市场，建议大家多多尝试，开拓更广泛的市场。

小语种询盘具有以下特点：

（1）简短，且通常会直接询问价格。

（2）质量相对较高，垃圾询盘少。

（3）由于时差关系，较难及时答复，也不容易在线上和客户直接沟通，容易失去时间优势。

（4）外贸能力相对较弱，很多新会员对 B2B 不太了解。

（5）信息零散，邮箱没有认证。

（6）有时询盘中同时出现小语种和英语。

收到小语种询盘后的处理办法：首先，要进行客户分析。通过网络搜索客户基本信息（公司名、地址以及办公电话等），这是非常必要的一步。其次，将询盘内容拆分为短句，使用翻译工具翻译后再整合。最后，读懂询盘之后要进行买家行为分析，如查看该客户将此询盘是直接发给自己的还是发给很多卖家的，分析客户最近搜索的品类和行业等。

对小语种询盘进行回复时可注意以下几点：

第一，为了给客户更好的服务体验，邮件标题要使用对方语言，言简意赅，突出重点。

小语种询盘
系列案例

第二，使用双语回复邮件，内容尽量一致。若借助机器翻译，尽量拆分为短句，采用主谓宾格式，这样可大大提高翻译的准确度。

第三，通过图片进行细节展示是一种更直观的方式，可以让客户对产品更加有信心，体现产品和服务的专业性。

第四，根据客户贸易习惯进行服务营销。不同国家的客户具有不同的文化习惯和贸易特点，例如俄罗斯人比较直接，喜欢讨价还价，所以价格可以稍微定高一点，这样就会有让步的空间；西班牙人和南美人比较热爱生活，生活节奏相对较慢，所以同他们进行贸易的时候尽量不要催促；德国人和日本人做事比较严谨，注重产品品质，所以价格高一点也没有关系，但是质量一定要有保障，否则很难有二次订单；法国人天性幽默，喜好社交，并且十分热爱本国语言，所以即使他们也会讲英语，和他们谈生意进行邮件往来的时候要尽量使用法语。

中国制造小语种询盘案例

应对不同国家客户询盘的技巧

一、和美国客户做生意的小技巧

邮件书写注意事项：着重强调就加粗，不能用红色，红色在外国人眼里表示“红灯停”这类警戒的含义，必须注意。

1. 美国人非常注重效率

美国人喜欢速战速决，因此针对美国客户，建议询盘开门见山，不要绕圈子。直接告知产品的需求，非常符合美国客户注重效率、喜欢速战速决的性格特征。用最精炼的语言传递清楚你的意思就可以了，而在自己不清楚的情况下，尽量在一封邮件里抛出你所有的问题，千万不要来来回回好几遍，否则客户很快就会离你而去，因为太低效了。

2. 美国人工作认真，注意时间管理

很多美国客户知道和中国存在时差，但是经常会守在电脑前等你的回复，而他们最不愿意花费时间在无谓的等待上，就拿阿里旺旺来说，很多美国买家会反馈说“最受不了的是那些供应商，明明旺旺在线，去联系的时候却毫无反应”，大多买家也会合理分配自己的时间，所以他不会只和你一家旺旺在线联系，比如联系你以后3～5分钟没有反应，他就会去找下一家，许多买家都会反馈“最喜欢直接的交流，不存在任何时差，来往的交流就能要到想要的信息”，我相信这也是为什么很多中国供应商喜欢在半夜还守着旺旺的原因。

3. 美国人喜欢直接和简便的方式

美国人比较直接，做事不喜欢拖拖拉拉，所以大部分美国客户付款比较准时。为什么那么多美国客户喜欢用Paypal呢？这个和Paypal已经在美国的市场占有率相当高和培养了这些用户习惯有关，就和我们习惯用支付宝一样，虽然 Paypal 的手续费很高，但是美国客户还是很喜欢用，而不愿意去用 T/T。

4. 美国人不爱讨价还价

美国人和印度人不同，整个国家没有太多讨价还价的传统。所以，给美国客户的报价就不要像给印度客户那样的含糊价，他们也没心思跟你砍价。报价不宜太高也不宜太低，太高会让客户觉得你坑了他很多，太低客户会觉得你的质量很差。美国人对于质量的要求也较高，所以报价环节要尤其注意。

5. 美国人喜欢社交网络

一般人会觉得美国客户比较时尚，爱好高科技，喜欢社交网络，所以在平时的沟通中也可以多使用一些流行的词汇或者社交工具，Facebook、Twitter、Skype 这些都已经快过时了，现在可以多聊聊新兴的比如 Google 眼睛之类的可穿戴装备、WhatsApp 等更为时尚的产品，尤其是那些与商业相关性较高的词汇和话题，可能会吸引美国客户，他觉得兴趣相投之后，就会多多和你联系。

二、和印度人做生意的小技巧

邮件书写注意事项：多用印度语——“Namaste（你好)”，有兴趣的卖家可以在邮件中尝试和买家套套近乎。

对印度商人，不妨在联系或者做生意的过程中给予一些小恩小惠，但是也不要一味小恩小惠，忘记了自己的底线。印度客人比较喜欢便宜的东西，不像美国客户那样更追求品质，因此往往要把 price、cheap、expensive 挂在嘴上。

1. 初次报价可以略高

印度人喜欢比价，一开始报高一点可以给他们还价的余地，同时也要把握分寸，不能太高，不然他就不理你了。这样做可以让印度买家在讨价还价中获得成就感。

2. 记得灵活处理

在对方给出一个低价的时候，即使你真的做不了，也别意气用事，如果这样，那肯定拿不到订单了。所以遇见印度买家要求超低价的时候千万别硬碰硬，应灵活处理，告诉他自己价格低不到这个份上的原因，如材质不同等。

3. 支付方式注意事项

优先选择 T/T 和 L/C，也可以做 D/P，但是一定要收预付款，预付款一般为价款的 30%，最少也要 20%。在没有收到预付款前，千万不要组织生产，哪怕合同规定了明确的交货期。LC 的话最好让客户发来他们银行的信息予以核对，选择当地比较大和信誉好的银行，能加上保兑最好。

三、和澳大利亚买家做生意的小技巧

1. 学会相处，建立信任感

应对澳大利亚的买家，建议先不要急，试着先和澳大利亚买家结识，相互建立信任感。澳大利亚买家一般都很随和，很友好，他们不像很多国家的买家那样目的很明确，很急切，他们比较随意，所以先建立信任感，再在交流过程中拿到结果。

2. 多尝试，及时沟通

澳大利亚和中国的时差没有和美国那么大，而且澳大利亚客户也挺习惯用Skype，可以尝试用Skype和他们联系。此外，电话很方便，现在费用也不高，可以多试试语音交流。

3. 有礼貌，热情友好

一般澳大利亚客户很有礼貌，如果他和你的贸易合作非常愉快，他会希望和你能成为朋友。澳大利亚客户非常愿意与人分享快乐，所以要想抓住澳大利亚买家，外贸业务员也要非常热情，有礼貌。

4. 一定要守信用

没有把握的事情千万不要答应客户，这样做会丧失信誉，客户体验差了就很难回头。答应了客户的事情就一定要做到，并时时跟进，不能只听旁人说，自己要实地检验，到工厂核实。如果是自己一方的失误，一定要和客户解释清楚，比如交货延期，可以提前跟客户说，这样客户也好有个心理准备，千万不要隐瞒。

四、和俄罗斯买家做生意的小技巧

俄罗斯的一些禁忌：俄罗斯人写邮件时，数字不喜欢13，特别喜欢7，所以建议大家在提供报价和标示产品单价的时候尽量避开13，而多用7，比如2.77、3.77等，俄罗斯眼里的7就和我们眼里的8一样。

1. 俄罗斯国家英语不是母语，建议用双语进行沟通

收到一个俄语询盘时，千万不要因为自己不会俄语就撒手不管了。

其实，外国客户会给你发询盘，还是抱着买东西的心理来的，所以面对这种情况，国际站目前已经推出“人工翻译平台开放服务”，也可以尝试用Google翻译，先给俄罗斯客户用英文回复，再在下面贴一段谷歌翻译的俄文给他们。

2. 尝试即时聊天工具，如阿里旺旺、Skype、MSN

其实对于外贸而言，Skype和MSN都是最基础的聊天工具，在很多国家都非常普及。语言不通，很多时候双方的理解成本会增加。那么如何拿到订单，又能更快更好地理解呢？建议使用阿里旺旺这样的聊天工具，可以抱点小侥幸心理，非常有可

能，对面的买家还是有点英文底子的，用翻译和简单的英文其实可以表达清楚，所以再也不要因为客户是其他语种国家的而流失订单。

3. 了解俄罗斯本土文化习俗

俄罗斯商人一般显得忧郁、自信心不足，喜欢谈大金额合同，对交易条件要求苛刻，缺乏耐心。同时，俄罗斯人官僚主义作风较为严重，办事喜欢拖拉，喜欢从事“灰色贸易”。他们的谈判人员作风散漫、待人谦恭、缺乏自信。在谈判中，他们显得急于求成、注重实利，虽然顾及历史关系，但对现实利益紧抓不放。所以对俄罗斯及东欧买家，应该注意追踪和跟进，必要时趁热打铁。

4. 了解俄罗斯本地通关等信息

俄罗斯的物流相对比较慢，要比其他国家慢很多，主要是因为俄罗斯领土大，且俄罗斯差不多有9个月都是冬天，本土的气候环境相对恶劣一些。

五、和意大利买家做生意的小技巧

意大利人的国家意识淡薄，他们不习惯提国名，而愿意提故乡的名字。意大利人的文化素质较高，既有德国人的精明能干，又有法国人的健谈。

意大利买家的特点及应对方式主要如下：

1. 善于社交、情绪多变

意大利人说话时手势较多，表情富于变化，易情绪激动，常常会为很小的事情而大声争吵，互不相让；意大利人比德国人少了一些刻板，比英国人多了一些热情，但在合同谈判、做出决策时不会感情冲动，一般不愿仓促表态，比较慎重。同时，意大利人比较重视产品的价格，在价格方面一般不愿让步，喜欢采用代理的方式。

2. 注重节约、崇尚时髦

意大利人有节约的习惯，不愿多花钱追求高品质。同时他们追求时髦、衣冠楚楚、潇洒自如。他们的办公地点一般都设施讲究，比较现代化，他们对生活的舒适性也十分注重。与他们谈判时，着装时尚、潇洒会给他们留下好的印象。

3. 意大利人与外商做交易的热情不高，他们更愿意与国内企业打交道

由于历史和传统，意大利人不太注重外部世界，不主动了解外国观念和国际惯例。他们信赖国内企业，认为国内企业生产的产品一般质量较高，而且国内企业与他们存在共性，所以，与意大利人做生意要有耐心，要让他们相信你的产品比他们国内生产的产品更物美价廉。还有一点应该注意，在意大利从事商务活动，必须充分考虑其政治因素，了解对方的政治背景，以防政局变动带来经济损失。

（资料来源：http：//www. trademanager. com/article/790. shtml.）

四、管理 RFQ

（一）认识 RFQ

采购直达（request for quotation，RFQ）是阿里巴巴国际站提供的服务，是指买家主动填写采购信息委托阿里巴巴平台寻找合适卖家，供应商可查看采购需求，根据买家要求及时报价。

在这个公开的大市场中，买家会主动发布采购需求，供应商可以自主挑选合适的买家进行报价。采购直达服务能够在大幅度提升买家采购效率的同时，帮助供应商更好地完成订单转化，并赢取更多的高质量买家。

采购直达的流程如图 3－8 所示。

图 3－8　采购直达流程

根据目前的采购直达规则，RFQ 权益报价主要针对付费会员，由两部分组成：基础权益和奖励权益。基础权益数量为每家付费供应商每月 20 条，有效期为当月；奖励权益数量由该供应商上个月的市场表现分决定。

供应商可以进入采购直达公开招标频道挑选合适的 RFQ 进行主动报价（见图 3－9），也可以根据自己的经营产品及商业偏好设置产品关键词订阅适合自己的 RFQ，还可以由阿里巴巴根据其在网站上发布的产品信息推荐与其主营相关的 RFQ。

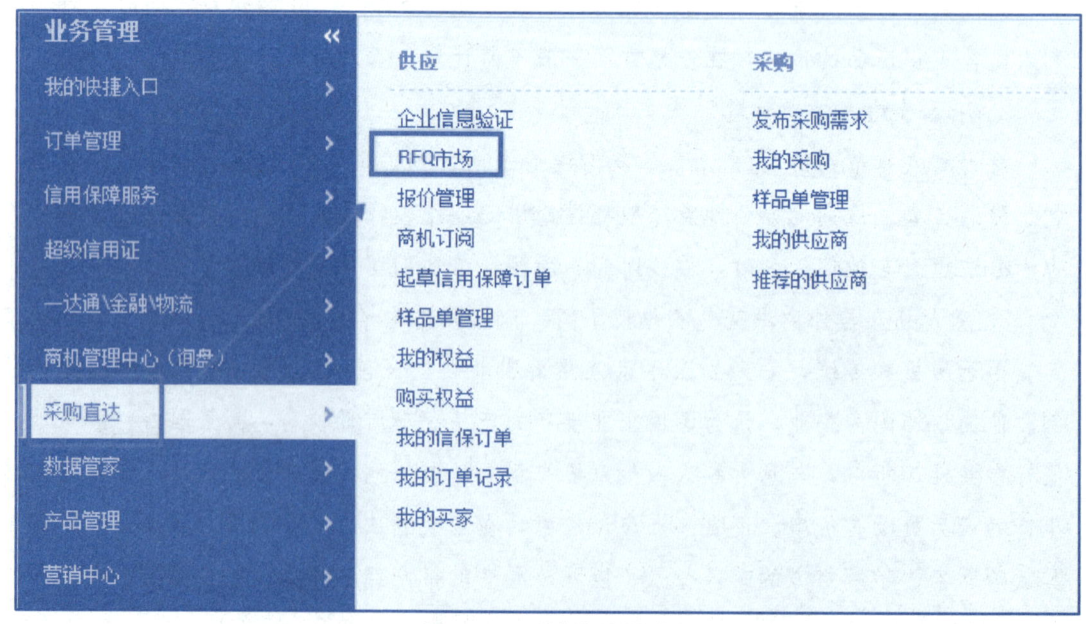

图 3－9　采购直达界面

报价管理可按跟单状态分为以下五类：所有跟单、等待买家查看、买家已查看、买家有反馈、订单环节。每个报价的跟单类别都是可变的。如果报价审核通过后，被买家查看，报价的状态就会从“等待买家查看”转变为“买家已查看”。审核通过后，若买家在发布 RFQ 时选择“对报价供应商开放”，则可查看买家联系方式。审核中和审核不通过的，则展示在“所有跟单”中。

（二）回复及跟进 RFQ

收到 RFQ 通知邮件后，点击邮件中的“查看并报价”按钮，登录后可查看详细采购需求内容，同时在线填写产品价格、公司优势、需要跟买家进一步沟通的细节问题，不可直接回复系统邮件。此外，也可以直接登录 My Alibaba（路径：业务管理→采购直达→管理 RFQ）查收买家的采购需求并报价或直接进入 http：//sourcing. alibaba. com/页面搜索 RFQ 后点击 Quote Now 按钮报价。报价前要认真阅读 RFQ，针对买家需求提供相符或相关的产品，并添加详细的报价信息。

买家对于 RFQ 的回复很大程度上取决于买家是否对卖家的报价感兴趣。为了提高报价的回复率，卖家应做到及时报价，且针对买家的需求发送详细的报价信息。若买家没有回复，卖家也可以查找买家的联系方式，进行后续的跟进。

阿里巴巴国际站 RFQ 的订单攻略

阿里巴巴 RFQ 已经成为阿里巴巴国际站会员获取订单的重要途径之一。

Bounding Tech 公司的销售主管夏瑜告诉 C 周刊记者，根据其两年的报价经验，RFQ 上有很多真实的订单，业务员直接给客户报价，虽然竞争比较激烈，但只要产品有优势、价位合理、交期稳定，订单是会有的。

夏瑜认为，这个渠道适合公司新人开拓市场和了解产品行情，可以让他们知道客户是哪个国家的、对产品怎么描述、有什么要求等，让新业务员快速熟悉产品和流程；对于老业务员来说，这个渠道可以增加找单的机会，因为有些买家的订单比较急，他们不会自己去找供应商。

C 周刊邀请了具有丰富 RFQ 报价经验的夏瑜、刘海波以及日渐进入佳境的 RFQ 新人 May 一起分享“阿里巴巴 RFQ 攻略”。他们表示，要用好这个工具，就要特别关注两个问题：怎么淘到优质客户？如何从众多的报价竞争中赢得客户关注？

一、重点关注需求详细的客户

May 来自某展架外贸公司，她用 RFQ 不到三个月就签了一单。对于怎么找客户这个问题，May 认为有两步：第一步，通过 RFQ 采购平台的推荐，或关键词的设定去搜寻合适的 RFQ。作为新人，她介绍说，什么相关的关键词都去试试，试的次数多了，就会知道哪些关键词更容易找到客户。第二步，完成搜寻后开始筛选。“如果是公司能做的产品，RFQ 质量又比较高，就会去跟进，我主要是看产品、看数量，量大的客户会优先报价，对需求描述越详细的客户越重点跟进。”她说。

“挖掘客户的途径包括搜索 RFQ 相关资源并报价，设置关键字，后台推送；发布需求比较详细、有具体应用以及详细参数的客户要重点关注，也可以根据客户的信息在网上搜索其真实性，从而完成筛选。”深圳市新金速存储技术有限公司外贸专员刘海波这样告诉 C 周刊记者。

夏瑜通过 RFQ 挖掘了一个长期合作的客户，多次下单，订单总金额达 10 万美元，她认为发布 RFQ 的客户有的是准备进入这个市场，来了解行情；有的是供应出现问题，想换新供应商；有的是近期要采购，搜索工厂和报价。“是否是准客户，要看 IP 匹配情况、客户的要求和产品描述情况、客户的资料信息等。至于找更多合适的 RFQ，可以结合自己的行业，尝试用不同国家的语言关键词去搜索。”

二、尽可能找到客户直接沟通

May 介绍说，由于没有获得 RFQ 平台的报价直达资格，她一天就只有 5 个报价机会，有时候试了两三个报价就用光了，如果在这时找到好的 RFQ，她就会把客户的公司信息拿到网络上搜索，找到客户邮箱，然后发邮件给对方，“这个办法也适用于报价名额已满的情况”。

有外贸人士建议尽可能搜索到更详细的客户个人资料，通过社交平台、聊天工具和客户搭上线，进行情感公关，也许会有不错的效果。特别是移动互联网流行之后，客户可能二十四小时都在线，你要联系到对方是特别快速和容易的，沟通起来也更直接有效。

对于 May 遇到的问题，刘海波认为直接的解决方法还是获得平台报价直达的资格。“获得这个资格之后就有更多报价机会，是普通用户的 2 倍。”他说，“不过，一段时间没去报就会自动降为 5 个报价机会。”May 表示自己正在为获得报价直达的资格而努力。

三、利用时差成为“第一封邮件”

May 介绍说，发布 RFQ 的客户可能同时会收到十几个供应商的报价，然后直接比较价格，这对供应商而言是一种挑战。因此，业务员必须想办法吸引客户的“眼球”。

1. 讨巧的细节设置

May分享了一些技巧：第一，报价要靠谱或者稍低于正常价，以此吸引客户，客户才会有兴趣。第二，报完RFQ后如果客户没有回复，就用公司邮箱再给客户发一封，能够利用时差的话会更好，“客户打开邮箱看到的第一封邮件是你的，那联系的概率会更高些”。第三，给客户的邮件标题和附件的图片要能引起客户的注意。比如，标题要跟客户想要的产品相关，图片可以发客户感兴趣的产品，如果是客户正在寻找的产品会更好。“我会把客户的RFQ标题拿到网上搜，找到相对应的图片发给客户看”。

关于利用时差，有丰富RFQ经验的Maggie分析：如果对方是美国、加拿大客人，早上八九点回复RFQ，然后马上邮件追踪，通常效果不错，“很多客人习惯在睡觉前查看邮件，和中国供应商进行邮件互动”。如果是中午的话，找的RFQ是欧洲地区的，效果又会好一些。澳洲客人的话，一整天不同的时间段都可以联系。

Maggie提醒说：“如果一个RFQ都已经报完8个了，后面你再报价徒劳的概率会比较大，这和报价送达客人那里的先后排位有关。”

2. 合理安排报价内容

夏瑜就怎么安排报价内容做了介绍：“首先，在报价前完善自己的产品，因为RFQ报价是可以选择产品的，我一般都选择最接近、描述最清楚的产品，让客户看了就会想要多了解。其次，我会把工厂的点滴介绍和公司网址放进描述里，让客户了解，用语要简洁，说得太多客户会烦的。最后，附上产品的清晰图片、包装图片及产品认证等，说明公司确实有这款产品，且品质和交期都是有保障的。”

3. 保证报价“快”

刘海波认为，要特别关注报价的时效性：报价及时并主动联系买家。刘海波通过RFQ出过不少单，其中有一单的金额高达15万美元，“在RFQ上报价拿到联系方式之后我就电话联系了这个客户”，刘海波告诉C周刊记者，这为他争取到了先机。

老道的业务员已经养成在平台报价后，紧接着进行正式的“邮件报价”，夏瑜就是这样做的。

“在Alibaba平台报价后，就要找到客户的邮箱，以公司域名邮箱给对方发一封正式的报价邮件，我一般写：I found your buying leads on Alibaba. com. We're very pleased to take this opportunity to recommend our products to you。然后再介绍工厂和产品，因为你已经报过价了，所以不要吝啬你的正式报价单，直接报价过去，可多加几款类似和周边产品供客户参考。有些客户会要证书，那就马上给证书，越多越好，证明实力没有问题。不同国家的客户，报价的要求不一样，所以还要再细心处理一下自己的第一封正式邮件。”

夏瑜表示及时进行“邮件报价”能赢得客户认可，“2011 年 12 月刚开通阿里巴巴，我就通过 RFQ 报价开发了一个美国客户，我之前已经有 3 个工厂给该客户报价了，不过，客户说我是最快写正式邮件报价的。”

四、对 RFQ 客户进行分类管理

May 认为 RFQ 比较直接，针对性比较强，发 RFQ 的采购商都是有确切需求的，“这个行业里虽然很多客户的需求数量比较少，但是也不乏采购量很大的买家，认真跟进的话还是可以开发出长期合作的客户的”。

夏瑜告诉 C 周刊记者，上文提到的那个美国买家在她换工作前一直是她的主要客户，现在还跟之前的公司下单，“他下了第一单以后，我就把他列为长期客户，经常跟进，发最新产品，邀请他去展会，一直保持着联系，节假日问候一下……”夏瑜说，只要用心跟进，RFQ 客户也可以变成老客户。

刘海波表示，要把开发出来的 RFQ 客户发展成长期客户，“最好有即时聊天方式，能经常联络客户以增进感情”。另外，他认为 RFQ 可以作为询盘之外客户来源的另一个渠道，能够增加卖家的客户基数以及老客户，平常他会根据买家发布 RFQ 的需求量大小以及年采购量制作出对应的 Excel 表，再依据每个行业的特点标记为 A、B、C 类客户，重要客户多花时间跟进。

May 也对 RFQ 客户进行分类管理。“我们每周做周结，其实就是整理客户的过程，可以把重要客户拿出来每周跟进两三次。有个常见的规律是 1、3、7、14，就是一开始每天都跟，接下来隔天跟，接下来每周跟，再后来就是两周跟一次，每封邮件可以有不同的侧重点，循序渐进。比如在第一封邮件中重点介绍公司，第二封重点介绍产品，第三封重点介绍促销活动之类。”May 表示。

（资料来源：http：//cweekly. cifnews. com/. ）

一、请评估以下询盘价值，辨别真伪并进行回复。

Dear Sales Manager,

Having obtained your address from alibaba. com, we are writing to ask if you could send your current wholesale catalogue and price list. We are interested in Girl's Wears. I hope to be your agent in Italy. I look forward to hearing from you.

Yours Sincerely

Sponta Alantino

二、请根据下表中的几组例句，总结引导客户下单的语言技巧。

序号	例句	引导客户下单的语言技巧
1	Do you think this solution will work out your problem of delivery? Will it be good for your side? If we can solve this color material problem，do you think this will solve your problems?	
2	When is the best time to deliver your goods，Thursday or Friday? What is your payment terms，T/T or L/C? What is your order quantity，20 000 pcs or 50 000 pcs? Which color do you prefer，red or yellow?	
3	When do you think is the best time for delivery? Which color do you prefer for the first batch of goods? Where to assemble it?	
4	Let me just make a PI for this order. Let me write down the specifications of your goods now.	
5	In fact，prices will rise at any time. If you are now in action，we will ensure that the order is still at the current price.	

三、请针对以下询盘撰写英文回复，通过多种翻译工具翻译为对方语言并检验是否准确，说明该国客户的贸易习惯，填入下表。

询盘一：

Vorrei sapere qual'è il prezzo delle ruote 10 023p310，qual' èla quantitá minima ordinabile e le ulterriori spese da affrontare. grazie saluti Barbara natale.

询盘二：

Estoy buscando 15 piezas de su producto me podría proporcionar el precio con envío a yucatán，méxico en pesos mexicanos.

询盘三：

Le rvb imperméable à l'eau a mené le kit flexible de la bande 5m/12v combien $ pour 50 * le kit.

询盘	回复内容	翻译工具	检验工具、方法	贸易习惯
询盘一				
询盘二				
询盘三				

任务二 解答咨询

知识储备

B2C 跨境电子商务是跨境电子商务中一种非常重要的商业模式，目前 B2C 跨境电商平台主要分为独立电商平台和第三方电商平台。独立电商平台主要以 DX、兰亭集势等为代表，第三方电商平台主要以 eBay、速卖通、亚马逊等为代表。从整体规模来看，虽然跨境贸易的主角一直是 B2B 电商模式，B2C 跨境电商还未形成独占鳌头的态势，但随着中国商品在海外市场的畅销以及跨境支付体验的不断完善，近年来以亚马逊、速卖通为代表的 B2C 跨境电商平台迅速发展，国内卖家和国外买家的沟通变得越来越密切。

在 B2C 跨境电商中，虽然多数交易是自动下单、自动完成，但由于零售业的特点和不同语言和文化背景的差异，还是存在一定的问题需要客服与客户进行沟通。B2C 跨境电商客服人员需要解答海外客户的咨询，主要有产品咨询和服务咨询两方面。

一、认识订单管理界面

（一）亚马逊订单管理界面[①]

亚马逊订单管理包含打印快递单、确认发货、取消订单、编辑发货信息、退货管理、全额退款、部分退款、取消退款等基本操作。

1. 订单管理

(1) 点击“Manage Order”进入订单管理界面（见图 3-10），系统默认显示过去 7 日内的订单列表。卖家可以按照日期搜索历史订单，也可以点击“Advanced Search”进行高级检索。

① http://www.cifnews.com/ask/article/147.

图 3-10　亚马逊订单管理

（2）未发货的订单会有 4 个操作按钮：Print packing slip（打印快递单）、Confirm shipment（确认发货）、Buy shipping（预约取货，该选项只适用于美国本土卖家，他们可以预约第三方快递公司进行上门提货）、Cancel Order（取消订单）（见图 3-11）。

（3）已经发货的订单会有 Print packing slip、Edit shipment（编辑发货信息）、Refund order（订单退款）三个操作按钮。

图 3-11　订单处理

（4）买家已付款但是卖家尚未发货的订单的 Status 为 Unshipped，卖家必须马上处理 Status 为 Unshipped 的订单，即立即发货并且在系统中点击“Confirm shipment”确认发货；买家没有立即付款的订单 Status 的为 Pending，卖家不需要立刻处理 Status 为 Pending 的订单。

2. 打印快递单

点击“Print packing slip”后，系统会弹出打印快递单窗口，选择打印机后即可打印快递单，里面包括订单详细信息、买家地址信息等。

3. 确认发货

点击“Confirm shipment”确认发货，进入确认发货页面后录入发货时间、所选快递公司、快递服务种类、跟踪码以及简短的发货记录。点击“Confirm shipment”按钮后完成发货。卖家必须在买家下单后的 48 小时内点击确认发货按钮，否则会有延误发货的记录。

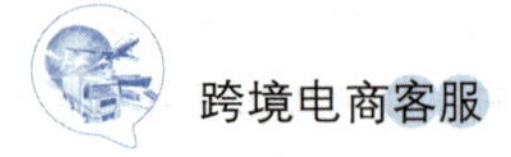

4. 取消订单

在卖家没有发货前，买家可能选择取消订单，当收到买家取消订单申请后，卖家需要点击“Cancel order”来取消订单：点击“Cancel order”进入取消订单页面，在 Reason for cancellation 下拉菜单里选择一个取消原因，点击“Submit”完成取消订单的操作。取消订单后，会有 Pre fulfillment cancellation 记录。

（二）Lazada 订单管理界面①

进入 Lazada 卖家订单管理界面后，查询订单状态可点击“Orders”，选择“Manage Orders”，见图 3－12。

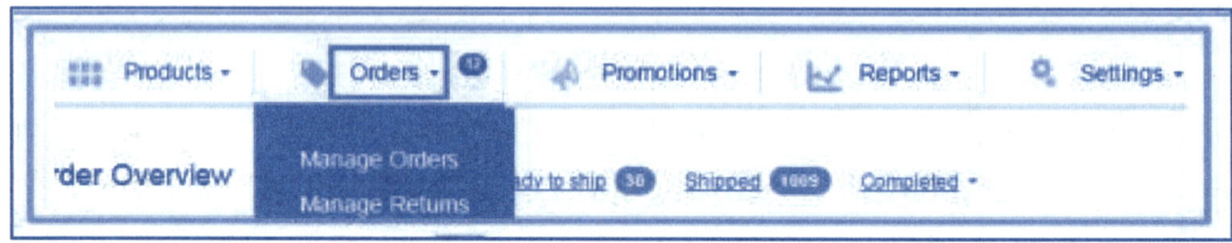

图 3－12 Lazada 订单管理界面

1. 更新库存

订单创建成功，显示在 Pending（待处理）页面。如果库存不足，订单必须取消。Lazada 不会跟任何顾客联络提供产品或解决方案，因此要切记实时更新库存。

2. 准备发货

必须在订单创建后 48 小时内在 Pending 页面点击“Ready to ship”（准备发货），将订单更新到准备发货页面。不要点击“Canceled”（取消），除非库存不足或未及时发货。具体见图 3－13。

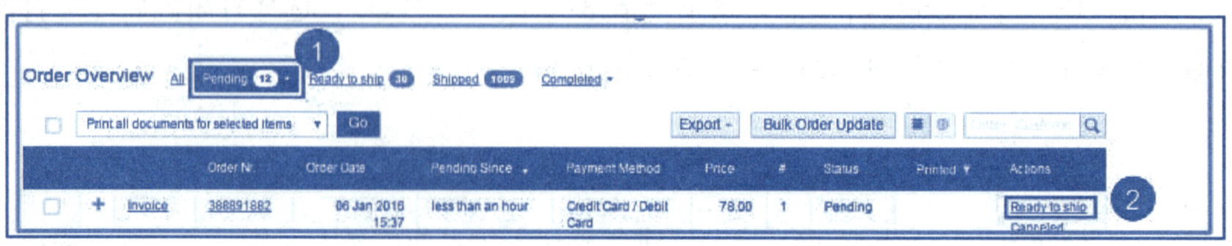

图 3－13 订单管理

① http：//www. cifnews. com/ask/article/140.

必须要注意的是，在 Lazada 平台上，跨境电商客服人员的主要工作就是处理订单，而无须与用户直接沟通。客户下单，卖家发货，货到打款，交易流程就结束了。

二、解答客户咨询

（一）解答产品咨询

1. 价格咨询

在大多数情况下，B2C 跨境电商平台上的买家会根据卖家发布的产品价格和销售量来决定是否下订单，大多不会讨价还价。但是，由于中国制造有着物美价廉的特点，尤其是在 3C、玩具、服装、配饰、家居等行业，许多国外的批发商也可能成为 B2C 跨境电商客服人员的服务对象，他们往往关注的是购买价格区间上限以外的商品数量是否会有价格优惠，以及能否提供更多的商品细节。

以下是常见的价格沟通模版，仅供参考。

（1）折扣。

Dear buyer,

Thanks for your message. Well, if you buy ×××items, we can offer you a ××% discount.

Once we confirm your payment, we will ship out the items for you in time.

Please feel free to contact us if you have any further questions.

Thanks & Best regards!

译文：

感谢您给我信息。目前我们正在进行促销，如果您购买了×××个产品，我们可以为您提供××%的折扣。

一旦我们确认您的付款，我们将及时发货。如果您有更进一步的问题，请随时与我们联系。

谢谢！

（2）买家议价。

Dear buyer,

Thank you for taking interests in our item. I'm afraid we can't offer you that low price you bargained as the price we offer has been carefully calculated and our profit margin is already very limited. However, we can offer you a ××% discount if you purchase more than ××× pieces in one order. If you have any further questions, please let me know.

Thanks!

译文：

感谢您对我们产品的兴趣，但很抱歉我们不能给您更低的价格。事实上，我们的上市价格是经过精心计算且合理的，它已经让我们的利润有限。但如果您一个订单的购买超过×××件，我们将给您××%的折扣。有任何问题请联系我。

谢谢！

（3）大量订单询价。

Dear buyer,

Thanks for your inquiry. We cherish this chance to do business with you very much. The order of a single sample product costs ××× USD with shipping fees included. If you order ××× pieces in one order, we can offer you the bulk price of ××× USD/piece with free shipping.

I look forward to your reply.

Regards!

译文：

感谢您的询问，我们很诚挚地希望跟您做生意。一个样品的运费需要×××美元，如果您一个订单订×××件产品，我们可以为您提供批量价格×××美元/件并免运费。

期待着您的答复。

谢谢。

（4）买家要求免运费。

Dear buyer,

Sorry, free shipping is not available for orders sent to ××××. But we can give you a ××% discount of the shipping cost.

译文：

很抱歉，到××××不能免运费的，但是我们可以在运费上给您××%的折扣。

2. 规格咨询

在许多行业，国内外的产品规格和标准不尽相同，这增加了跨境电商客服人员解答客户咨询的难度。例如：在电器电子行业，跨境电商平台店铺客服人员经常面临是否需要变压器、电源插头（见图3-14）能否使用等问题，原因在于各国电器设备的标准及规格往往有所差异。目前世界各国室内用电所使用的电压大体有两种，分别为100～130V与220～240V两种类型。100V、110～130V被归类为低压，如美国、日本等以及船上的电压，注重的是安全；220～240V则称为高压，其中包括中国的220伏、英国的230伏和很多欧洲国家的电压，注重的是效率。采用 220～230V 电压的国家里，也有使用 110～130V 电压的情形，如瑞典、俄罗斯。

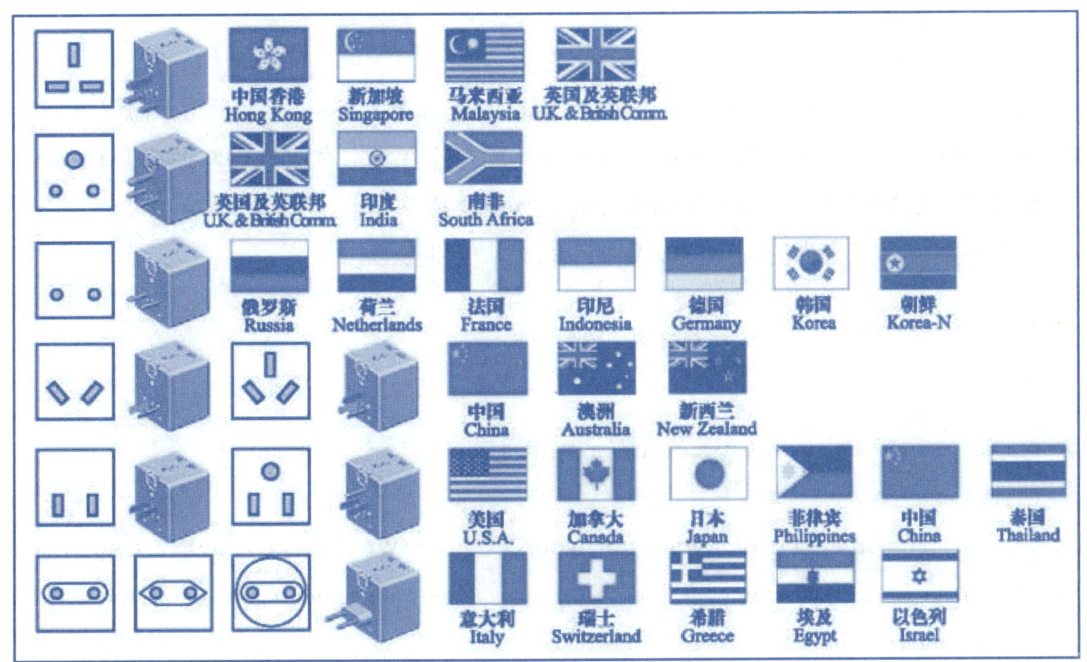

图 3-14　各国电源插头形状

在服装行业，世界各地人体在体型上有所差异，所以尺码标准也不尽相同。亚码、欧码是指亚、欧两地域不同的码系，而前者和后者又可继续细分。为了方便，各国都建立了自己的原型并归纳统计各尺码各部位的具体尺寸，形成各国自己统一的号型规格。在销售服装、鞋靴的跨境电商平台店铺中，由于尺码标准和计量单位的差异，客服人员经常需要解答服装尺码、版型、鞋子号码差异等问题。

以下是解答产品规格咨询的站内信例文，仅供参考。

一位美国买家告诉你她平时穿 US 8 码的连衣裙，想咨询在你这儿她应该买哪一个尺码，你回复她 M 号比较适合。①

问题：

Hello，seller. I wear US size 8. Could you give me some advice on which size I should buy from you?

回答：

Hello，dear customer. Size M of this dress will fit you pretty well. Please feel free to

① http：//www. ythyzb. com/kehufuwu/1903. html/.

contact us if you have any other questions. Thanks!

（二）解答服务咨询

跨境电商客服工作复杂性的另一个原因来自问题订单、国际支付方式、物流方式等。客户通常会询问物流状态、通关时间、关税等问题。这就要求客服人员掌握交易相关的所有关键信息，如物流公司特点、各国海关清关政策及特点等。

以下是解答服务咨询的站内信以及邮件例文，仅供参考。

1. 买家询问支付方式

问题：

I do not have a PayPal. Can I use check or bank transfer?

回答：

Hello, dear customer. Thank you for your inquiry. We accept PayPal and Credit card. PayPal is highly recommended because it's safer and easier, and could be used in many shopping website.

Hope my answer is helpful to you.

Yours Sincerely,

2. 买家询问关税问题

问题：

Are there any import taxes or customs charges that I need to be aware of if I purchase this item?

回答：

Hello, dear customer. Thank you for your inquiry. I understand that you are worrying about any possible extra expense for this item. According to past experience, it did not involve any extra expense at buyer side for similar items. But in some individual cases, buyer might need to take some import taxes in import countries, but we will pay for the tax. Please contact us as soon as you are informed to pay the tax.

Yours Sincerely,

3. 买家询问物流时间

Hi, dear customer. The delivery time is ××-×× days via ××× (Shipping Method) and it depends on the shipping company. We will ship the item as soon as possible after confirming your payment.

Yours Sincerely,

4. 未付款订单

Dear buyer,

We have got your order of ××××××. But it seems that the order is still unpaid. If there's anything I can help with the price, size, etc., please feel free to contact me. After the payment is confirmed, I will process the order and ship it out as soon as possible.

Thanks!

译文：

我们已收到您的订单，但订单似乎未付款。如果在价格和尺寸上有什么能帮助的，请随时与我联系。当付款完成，我将立即备货并发货。

谢谢！

5. 已付款订单

Dear buyer,

Your payment for item ×××× has been confirmed. We will ship your order out within ×× business days as promised. After doing so, we will send you an E-mail notifying you of the tracking number. If you have any other questions, please feel free to let me know.

Thanks!

译文：

您的订单编号为××××的款项已收到，我们将在承诺的××天内发货，发货后，我们将通知您货运单号。如果您有任何问题，请随时联系我。

谢谢！

6. 发货后

Dear buyer,

The item ×××××××××××××××× you ordered has already been shipped out and the tracking number is ××××××××××××××××. The shipping status is as follows: ××××××××××××××××. You will get it soon. Thanks for your support!

Best Regards!

译文：

订单号为×××××××××××××××的货物已经发货，发货单号是××××××××××××××，运输状态是×××××××××××××××。您将会很快收到货物，感谢您的支持和理解。

祝好！

7. 询问是否收到货

Dear buyer,

According to the status shown on EMS website, your order has been received by you. If you have got the items, please confirm it on DHgate. com. If not, please let me know.

Best Regards

译文：

EMS网站显示您已收到货物。如果您已收到货物请到敦煌网确认，如果有问题请告知我。

祝好！

8. 订单完成

Dear buyer,

I am very happy that you have received the order. Thanks for your support. I hope that you are satisfied with the items and look forward to doing more business with you in future.

Thanks!

译文：

我很高兴地看到您已收到货，感谢您的支持。希望您满意，并期待着在将来与您做更多的生意。

谢谢。

9. 未付款订单改完价格再次催款

Dear buyer,

We've reset the price for you. We have given you a ××% discount on the original shipping price. Since the price we offer is lower than the market price and as you know the shipping cost is really high, our profit margin for this product is very limited. Hope you are happy with it and you are welcome to contact me if there's anything else I can help with.

Best regards!

译文：

我们已经为您重置价格并给您原运价××%的折扣。如你所知，运输成本非常高，而我们提供的价格比市场价格低，我们从这个产品中赚取不了多少利润。希望您满意，并随时与我联系。

祝好！

10. 发货几天后买家没有收到货

Dear buyer,

We sent the package out on ××××, and we have contacted the shipping company and addressed the problem. We have got back the original package and resent it by UPS. The new tracking number is ××××.

I apologize for the inconveniences and hopefully you can receive the items soon. If you have any problems, don't hesitate to tell me.

译文：

我们已经在××××号发送包裹，根据您的反馈，我们已经联系货运公司并确认问题。我们将找回原来的包裹并重新寄送，新的货运单号是××××，使用的是UPS。

我对此感到十分抱歉，希望您能尽快收到。有任何疑问，请告诉我。

速卖通客服沟通模板

B2C跨境电商海外客户常见问题调研

请从首饰、3C数码、服装、玩具中任选一类商品，调研该类商品B2C跨境电商海外客户的常见问题，并列出解答技巧及例句，完成下表。

国家	常见问题	问题类型（产品或服务）	解答技巧	例句
美国				
巴西				
俄罗斯				
西班牙				
印度				
韩国				

项目学习成果评价

一、 课堂表现评价

重点考查学生的到课情况、回答问题情况、小组合作情况。将全班同学分成若干小组来组织教学，每个小组需要设计队名，每次课在黑板上画出下表。每次课都有评价，评价内容包括：只要本组同学回答问题并回答正确，就给全组加分，每组同一个人不能连续回答问题，必须换人回答才能给本组加分，如果回答错误，其他小组可以回答；小组讨论表现最好的（一组）和较好的（两组）加分；当堂课小组全勤的加分；每项分值由教师指定，每次课堂结束后由学习委员在分数记录册上进行记录，最终形成该小组分数。

课堂表现评价表

小组	回答或解决问题	小组讨论表现	小组全勤	合计
小组一				
小组二				
小组三				
小组四				
小组五				
小组六				
小组七				
小组八				
小组九				
小组十				

二、 任务实战演练评价

重点考查学生每个实战演练任务能否按时全面完成、完成质量如何、是否提交可视化学习成果，任务实战演练的评价将作为项目学习成果评价的重要内容。

任务实战演练评价量表

评价标准	完全符合（90～100分）	基本符合（70～89分）	基本不符合（60～69分）	完全不符合（59分及以下）
任务全面完成，步骤无遗漏				
任务成果装订整齐、排版规范、无错别字				
任务完成步骤正确、逻辑清晰				
按时上交任务可视化成果（文档、照片、视频等）				
方案可实际操作				
演示陈述思路清晰、有条理				
符合法律与平台政策				
符合道德伦理要求				
成本较低				
有创新				
合计				

三、项目学习成果评价

项目学习成果评价汇总表分数将作为学生项目学习成果得分，每个小组完成项目学习的可视化学习成果将会存档。

项目学习成果评价汇总表

小组	任务一	任务二	任务三	课堂表现	总评
小组一					
小组二					
小组三					
小组四					
小组五					
小组六					
小组七					
小组八					
小组九					
小组十					

项目四

跨境电商售后客服

项目背景

思月在思拓跨境电商科技有限公司从事跨境电商客服工作，主要负责速卖通和阿里巴巴国际站的售后客服。除了处理差评订单、规避纠纷和投诉风险之外，她还负责客户信息库的更新和客户关系维护。经过两年的实践，思月在跨境电商售后服务领域有了丰富的经验。由于她能吃苦耐劳，具有强烈的服务意识，大大降低了公司店铺的差评率，并且在维护客户关系方面取得了较好的成绩，经理交给思月培训新员工的任务，并提醒她为下一步的职位晋升提前做好准备。

学习目标

◎ 知识目标

1. 分析差评产生原因并阐述相应的解决办法；
2. 描述处理纠纷和投诉的流程；
3. 阐述客户的类型及维护方法。

◎ 技能目标

1. 能使用各种必备及创新型工具辅助跨境电商客户沟通；
2. 能根据买家需求提出售后问题处理办法；
3. 能积极有效回应客户或竞争者的纠纷和投诉；
4. 能建立客户档案并维系良好的客户关系。

◎ 素养目标

1. 遵守职业道德，服从平台规则；
2. 能够利用各种翻译工具、沟通工具和辅助工具；

3. 具备跨文化交际意识和国际化视野；

4. 具备较强的沟通能力、应变能力；

5. 具备较强的团队意识和服务意识；

6. 具备一定的创新能力和学习能力。

◎ 预期学习成果及支撑（CLO）

项目预期学习成果	课程预期学习成果（CLO）	参考学时
1. 能准确分析差评产生原因并有效规避差评	CLO4/CLO7	6
2. 能处理客户或竞争者发起的纠纷和投诉	CLO4/CLO7	4
3. 能对客户进行准确分类并进行有针对性的回复	CLO3	6

任务一 提供售后服务

一、处理差评

（一）处理差评的步骤

评价是店铺的一个重要指标，许多买家都会关注，特别是新买家。在整个跨境电商销售中，客户差评处理一直都是绕不开的一项工作，差评修改在整个账号维护中占有相当大的比重。下面介绍处理差评的步骤。

1. 及时主动联系买家①

收到差评的情况通常有以下几种：没有沟通直接留评价的、沟通不畅彼此误解而留评价的、退款后依然留了评价的。

面对以上情况，卖家要做出有针对性的、全面的分析，有的放矢地和客户进行沟通。跨境电商不提倡卖家因差评问题多次联系买家进行沟通。基于这样的原则，作为卖家，在收到评价后去联系买家时一定要充分考虑整个订单情况和沟通情况，基于全面的评估之后写出礼貌得体、有理有据，同时能用真情实感打动对方的邮件，这就要求对语言的把握足够准确。

就修改差评邮件来说，不建议卖家通过 Google 翻译等工具翻译之后就直接发出，因为机器语言总是和真实表达以及其中想要包含的语气会有不小的出入，而修改差评邮件往往只有一两次沟通的机会，所以，卖家一定要慎之又慎，把握不准的，不妨请朋友代写或者写完后找有经验、有水平的朋友帮忙把关。当然，如果你的外语足够好，或者在买家所在地有朋友，通过电话和客户沟通也不失为一种好方法。

但一定要记得的一点是，为了修改差评去联系客户，对整个订单的状况一定要非常清

① http：//blog.sina.com.cn/u/1710417661/.

楚，对客户一定要礼貌、客气、真诚、不欺骗，同时，联系修改差评的邮件，一般以间隔两天最多联系三次为宜，如果你已经联系了三次，客户依然没有回复，那么基本上可以放弃了，再多联系，就可能让客户觉得是骚扰，进而被投诉到平台，那就得不偿失了。

另外，在沟通理念方面，中国卖家最容易出现的一种思路是：我已经给你退款了，你为什么还给我留差评？在这里需要提醒的是，无论退款与否，交易中引起客户不满意，你都需要从客户的不满意考虑，向客户表示抱歉，即便你将货物送给客户了，款也退了，客户不满意，你依然要表示歉意，用真诚的语言换取客户态度的转变。

客服的第一要务不是辩论，而是平息事态。当一个顾客对己方的产品或者服务不满意时，首先要做的是依据对方的观点进行引导，在平息客户的怒气之后再引申到你想要达成的结果。客服工作要想让客户满意，道歉是首先要做到的事项，对于跨境电商卖家来说，也是如此。

案例分析

下面是卖家与客户沟通的邮件。邮件中的卖家遭遇的情况是，客户对产品不满意，留了一星的“Feedback”，卖家给客户发了如下的邮件，希望客户能够修改差评，结果是，客户不仅没有修改差评，反而又补加了一条新的“Review”。卖家说“我瞬间觉得太残忍了”，但实际上呢，很大程度上问题出在卖家的这封邮件无意中造成了客户进一步的不满。

卖家发出的邮件如下：

邮件一：

Dear Savanna,

Thank you all the same, I also use Iphone 7 and some of our customer use iOS 10, I don't know what happened with this item. but really want to deal with it problem. but I can't see it. please return it to Amazon. when I received it item. we will check what happened and deal with it. but would you mind remove your bad review for me, please, and I also don't want get this item problem. but you know some of electronic products can't be controlled, we sold this item for 1 year. we always try our best to solve any problem and improve our quality for all customers. please understand me. you know Amazon have very strict policy for products quality. we sold it's not fake products. just appear one of it doesn't work. please give a chance，OK?

邮件二：

Dear Savanna，

Merry Christmas! Have you try other Iphone? Maybe there is some wrong with your Iphone，please try other Iphone. and if you confirm other phone doesn't work all the way，I can send you new item or refund you，maybe you got one item which doesn't work，but it's can't show all of our products can't be worked，please understand me. we will provide our best service and best solution for you. thank you so much. dear Savanna.

这两封邮件都是从解释和辩论的角度，只告诉客户自己的产品应该没有问题，客户应该如何进行测试。客户之所以留差评，就是因为已经遭遇了问题，在这个时候，卖家给客户提供的自己产品如何好以及应该如何使用产品的数据，其实在很大程度上就是为自己辩解，就是在告诉客户“你无知，你不懂，你应该怎样怎样”，没有任何人会觉得自己不行，而这封邮件恰恰把客户置于“我不行”的位置，所以，客户在收到邮件之后进一步留差评也是理所当然的事情。

如果产品价值不高，在联系客户的时候，首先就是要告诉客户：“非常抱歉我们的产品质量问题给您带来不便，基于我们为顾客提供100%满意的服务标准，我们愿意给您提供全额退款，或者重发（但为了修改差评的快捷性，一般不建议重发），希望客户能够在收到退款后帮忙协助更新一下评价”，等等，当然，有些产品因为功能和使用的不规范性，可能存在部分买家不懂得如何使用的情况，这时卖家可以在邮件的后半部分做出合理的引导和使用说明，但一定不要说我们的产品经过严格的测试，所以不可能存在产品品质问题，以及我使用了我们的产品没有问题，你一定是使用错误了等，这样的解释，无疑是在向顾客说“你是个骗子，这东西你都不会用”，这自然会进一步激起客户的不满。

尽管卖家联系顾客，并且认真地写了邮件，可以说是很努力的，但是，因为立场的问题，有时导致了整个状况向更糟糕的方向发展。整个事件的诱因，无非是卖家在联系顾客的过程中，没有站在顾客的立场上去看待问题。所以，对于卖家来说，在处理差评修改和账号申诉的时候，一定要学会换位思考，当卖家想明白了对方的处境，在写邮件时自然就会考虑对方的感受，如此写出来的邮件，才会更有说服力。

当然，邮件中的标点使用不规范、大小写不规范等，也说明卖家并没有经过系统性的学习和总结，不规范的写法也给邮件减分不少。

（资料来源：http：//blog. sina. com. cn/u/5776407189.）

2. 确定差评原因

出现差评时一定要做记录，把一个月所产生差评的产品列出来，包括差评的内容、客户的订单、留评价客户的地址信息和客户历史留评价记录等，通过分析，可以大概知道客户对产品的不满是由产品品质和客户服务不好而引起的，还是属于竞争对手挖坑留下的恶意差评。分析总结问题出在哪里，有利于提出有针对性的解决方案。

导致差评的可能因素如下：

（1）商品图片与实物的差异：商品图片要美观，但不要误导客户，修图时要注意保持产品的真实展现。

（2）标题写了 Free Shipping，为什么收到货物之后还要收费：有些国家海关会征收关税，遇到此类情况建议和客户沟通先把货物清关，客户拿到货物后再协商由谁承担关税。

（3）信用卡账户有额外的扣款显示：咨询买家的信用卡银行是否有手续费。

3. 提出处理办法

公司根据自身产品，提前做预案，总结差评处理办法（见表 4-1）。规定业务员可以索赔的额度是多少，最好每一个差评都有主管审查，有对应的差评监督机制。

表 4-1　差评处理办法

产生差评的原因	处理办法
质量问题产生的差评	（1）如果是质量问题，请买家提供照片，通过照片判断是产品本身的缺陷，还是物流造成的损坏，或者是买家使用不当造成的损坏。 （2）当出现产品质量问题时，建议卖家及时赔付买家，取得买家谅解。 （3）当出现物流造成产品损坏时，如果产品可以轻易修复，可以和买家商量给予一定补偿；如果完全损坏，卖家也应该积极赔付买家。 （4）当出现买家使用不当造成的损坏时，是否赔付视卖家的意愿和沟通情况
发货问题产生的差评	（1）国际快递是按克计算运费，当买家提出少发货时，卖家可以查询发货信息的重量是否和产品数量总和相符，以判断是否漏发。 （2）当买家提出发错货品，卖家可以要求买家提供照片以判断是否发错，如果是货值高的商品，建议发货时一定要视频记录整个发货流程，以备在产生纠纷时有有力的证据
因买家心理造成的差评	（1）不同买家对商品的心理预期很不相同，如德国买家对商品的包装要求很高，包装质量一定要符合商品的销售价格，而美国客户就相对不看重包装，更关注商品本身的质量。 （2）当我们判断买家对商品的心理期待比较高时，尽量满足买家的期待，在商品质检、包装上多花些成本，以避免售后产生纠纷

4. 与买家协商删除差评

经过详细的沟通后，态度诚恳地请求买家删除差评，并告知其操作方法；如果买家不愿意删除差评，卖家可以采取退还部分费用给买家作补偿，请他及时删掉差评（差评对账户影响特别大，尤其是新手卖家）。

亚马逊买家删除差评的步骤如下（以美国站为例）：

（1）登录亚马逊官网 http：//www. amazon. com/，在右上方点击“Your Account”。

（2）选择“Your Orders”。

（3）下拉右边的日期范围选择订单日期，然后点击“GO”。

（4）找到您的订单位置，在左侧“Order Placed”日期下点击“View Order Details”查看订单详情。

（5）页面拉到“Your Seller Feedback”，点击“Remove”。买家将有 90 天的评价期限和 60 天的移除期限。如果评论旁边没有“Remove”（删除）按钮，说明 60 天移除期已过。

（6）选择一个移除评价的原因，点击“Remove Feedback”移除评价。

5. 向平台申诉移除差评

由于跨境电商买家一般沟通起来回应比较慢，甚至有些买家压根就不会回应卖家，为了更快地移除差评，在联系买家的同时，要根据对评价内容和买家本身的分析，通过从评价中找出漏洞和有违跨境电商平台政策的内容，向平台提起申诉，申请由平台协助移除差评，比如时效问题、客户在评价中有侮辱性语言、客户在评价中有夸大问题的嫌疑、一些给每个卖家都留差评的买家等。

如果责任在于买家的无理差评或者恶意差评，沟通无果，买家不愿意删除时，卖家也可以提供运单号、发货信息等让平台帮助删除。

亚马逊平台删除差评的情况：

（1）评价含有粗俗语言。

（2）评价含有卖家私人身份信息，包括邮箱地址、姓名和电话号码。

（3）评价全部都是评价产品。

（4）评价全部是关于亚马逊物流或订单服务。

在实际运营中，卖家有可能面对的情况是，客户没有回复，亚马逊客服也告诉你“很遗憾，我们不能帮你移除差评”，所以在想办法移除差评的同时，卖家还可以进行一项工作，那就是适当地刷几个评价，以更多的评价数量来冲淡单个差评对排名和销量的影响。

以上几方面是一个解决方案的不同侧面，只有把各个侧面结合运用，才会形成一个立体的解决方案，从而解决问题，千万不要单纯用了某一方法没有达到预期就停止和抱怨。道理很简单，能够很好地演绎并在实践中总结出适合自己的处理方法，才能确保在运营中走得更好、更远。

面对差评，跨境电商售后客服需要有心灵鸡汤

1. 千万不要怒骂

Profaneness is a brutal vice. He who indulges in it is no gentleman.（亵渎是粗暴的罪行。凡是有这种行为之人皆非绅士之人。） ——Edwin Hebbel Chapin

别使用任何批评或是咒骂的字眼、言语以及暗示。千万别这么做!

2. 别对客户冷淡

Unless I'm at a wedding，I don't like veiled threats.（直到买了一件婚礼礼服为止，女人不会主动询问别人意见。） ——Jarod Kintz

很多人认为说话冷淡可以表现出专业的姿态，这是错误的观念。一个不带感情的信息，代表着不感兴趣、高姿态、伪善、嘲讽的意味。有时你会试着隐藏对于客户的鄙视与不在乎。当你认为你隐藏得很好时，其实买家看到的你，是非常赤裸的。

3. 回应的字数别太短

A lot of people get impatient with the pace of change.（很多人对于瞬息万变都会失去耐心。） ——James Levine

在你认为这个买家不值得你花时间经营时，买家也会认为他的钱不值得消费在你身上，更别说给你一个好评。

4. 别拒绝客人

You cannot change what you refuse to confront.（当你拒绝面对，你就无法改变。） ——匿名者

别拒绝客户在乎的事。要接受他看事情的角度，配合以及协助他，提高客户对你的评价。凡是有可能影响你个人评价的评论，都是你要在乎的。

5. 不回应不代表同意

It's the little boy that kisses my hand，the young man who holds the door open for me，and the old man who tips his hat to me. None of it is a reflection of me，but a reflection of them.（小男孩亲吻我的手，一位少年替我开门，一位老人用帽子向我致意。这所有的动作都是他们的回应，非我的回应。） ——Donna Lynn Hope

你不必与买家争个输赢，尤其是当买家将冲突搬上台面，搬到让所有人都看得到的地方时，你自然不得不解释。你的角度、原则以及所有的批评，无非是要得到买家或其他人的认同。当你认为你的一切解释都完美无瑕时，其实你已经暴露出自己的破绽了。你要知道买家给予你好评时，绝非是因为你有多强的辩护或是说服能力，而是因为你的服务品质和态度。

6. 把“谢谢”挂在嘴边

The final test of a gentleman is his respect for those who can be of no possible service to him.（对于绅士最大的考验莫过于对任何事情心存感激，即使是不如他意的事情。） ——William Lyon Phelps

当你已经尽了最大的诚意试图解决客户问题，但客户却不让步，请向他说声，“谢谢你的时间”，但要出于内心地说。时常心存感激，当买家感受到你的耐心和专业度时，他们其实会去反省并重新思考是否再给自己一次机会尝试你的服务。在不随意发泄情绪的前提下，尽可能地表达对于客户的感激和谦逊，反而会有意想不到的结果。

7. 学会承受打击

God created the world in six days. On the seventh day，he rested. On the eighth day，he started getting complaints. And it hasn't stopped since.（上帝只用了六天创造万物。第七天上帝休息一天。第八天上帝开始收到抱怨。但也就如此而已。）

——James Scott Bell

请接受买家永远不会移除差评这个事实。即使完全是他的错误，你完全正确，也无所谓，别影响到自己的心情。忽略这些批评，继续向前进。

8. 时常保持正面能量

I am at heart a gentleman.（我是一个热忱的绅士。） ——Marlene Dietrich

别因为一两个买家而失去信心。从经验和批评中学习，然后继续向前进。别因挫折而沮丧。沮丧的心态对于你的经营会造成负面影响。想要获得成功，你必须时常保持正能量并且去执行。千万别一遇到问题就退缩！

9. 把每件事情当作对自己的考验

Anyone can be heroic from time to time，but a gentleman is something you have to be all the time.（在不同的时空里都有一位英雄，但唯有绅士是必须无时无刻的。）

——Luigi Pirandello

面对客户时要像在面对一场游戏一般，对待客户时要想着赢得他的欢心。只要你表现得和蔼可亲，自然会有门为你打开。

10. 学会成为一个佣人

Under serve not，but over serve without reserve；conserve not dessert to the undeserved，and instead he shall preserve for you what you truly deserved，a bite of dessert he did not know you deserved.（当你愿意付出时，别人相对愿意对你付出；当你有所保留时，别人亦对你有所保留。）

——匿名者

服务客户的宗旨在于："服务别人的需求时，就等于在为自己服务。"千万不要认为你的好意都是浪费的，它最终还是会回馈到自己身上。

（资料来源：http：//www.cifnews.com/ask/article/375.）

（二）避免差评

1. 完善服务

（1）发货之后提醒买家已经发货。

（2）订单被平台关闭时及时回复。

（3）海关的扣关问题要提前与买家做好沟通回复，给予买家心理安慰。

2. 有效的沟通

有效的沟通是指交易过程中与卖家不断进行沟通，保持联系。

（1）买家下单前应提前告知其需要等待的大概时间，发货后应时刻关注物流状态。

（2）及时处理买家关于物品未收到的询问，作为卖家，应积极咨询货物物流状态，积极帮助买家解决问题，让买家体会到自己的用心服务。

3. 严格把控产品质量

（1）产品描述真实全面。买家对产品的要求来自产品的描述，产品的描述越详细、越全面，买家的预期也会越接近实物，尽量在详情页上传实物图。真实、全面、详细的描述是避免差评的关键。

（2）严把质量关。在发货之前对产品进行充分检测，保证产品的质量。

（3）杜绝假货、仿牌产品。

4. 做好中差评营销

对于每一个好评和差评，应根据内容做好评价回复，好评表示感谢或者引入一些店铺的广告，对解决不了的差评回复要全面，对产品的质量问题、是否买家的操作不当所导致、买家购买此产品需要注意的问题等，都可以写在回复里。

5. 催评

制作催评模板，针对不同情况给买家发送不同的留言或站内信。以下模板可供参考：

模板一：

刚发货后，提醒买家注意收货及收货后留好评。

（1）使用的是挂号运输方式，如 EMS 或者 DHL 等。

Dear Valued Customer,

We are happy to inform you that your purchase has been dispatched! The typical time of arrival is between 7 and 10 days. If your item does not arrive within 10 days, please let us know.

After your item has arrived, why not take a moment to leave positive feedback about our products and service? It only takes a moment, and it's a great way to help others make purchases like yours!

Thank you for your custom, and we look forward to providing you with the best buying experience again on AliExpress!

Yours sincerely,

(Seller's name)

（2）使用的是挂号大小包。

Dear Valued Customer,

We are happy to inform you that your purchase has been dispatched! The typical time of arrival is between 14 and 39 days. If your item does not arrive within 39 days, please let us know.

After your item has arrived, why not take a moment to leave positive feedback about our products and service? It only takes a moment, and it's a great way to help others make purchases like yours!

Thank you for your custom, and we look forward to providing you with the best buying experience again on AliExpress!

Yours sincerely,

(Seller's name)

模板二：

若物流已妥投或者已经到达目的国，可提醒买家确认收货及进行评价。

Dear Valued Customer,

Thank you for shopping on our store, we hope you are enjoying your purchase!

Your shopping experience is very important to us and our business. We would like to invite you to leave positive feedback on our products and service. It only takes a moment, and it's a great way to help others make purchases like yours!

If you are unsatisfied with any aspect of our service, please contact us first so we can try to resolve your problem.

Thank you for your custom, and we look forward to providing you with the best buying experience again on AliExpress!

Yours sincerely,

(Seller's name)

模板三：

收到评价后。

（1）如果收到好评，一定要对买家进行答谢，有助于买家再次转化。

Dear Valued Customer,

Thank you for your recent positive feedback!

Your satisfaction is hugely important to us, and keeps us motivated to try harder for our customers!

You can check out more great products from our store: www. storename. aliexpress. com.

We hope we'll see you again on our store soon.

Yours sincerely,

(Seller's name)

（2）如果收到中差评，则一定要让买家说出不满意的地方以便及时弥补，并且可以引导买家修改评价。

Dear Valued Customer,

We are sorry to see that you left negative (neutral) feedback relating to your recent purchase experience from our store.

Please contact us at any time so we can find out why you were unhappy and resolve your problems. We hope then you can revise your feedback into a positive feedback for us!

Yours sincerely,

(Seller's name)

二、处理纠纷

跨境电商交易过程中所产生的纠纷属于交易纠纷，即在交易过程中产生了误会或者一方刻意隐瞒，从而使交易无法顺利完成。纠纷一旦发生，将会影响买家的购物体验，影响买家对平台以及卖家的信任，影响交易的顺利进行。一旦纠纷过多，就会影响店铺的形象，使客源流失，影响正常经营，最主要的还是对店铺的服务等级有影响，会给卖家带来重大损失，因此要注重对纠纷的处理。

（一）纠纷的类别及处理办法

买家在交易中提起退款申请时有两类纠纷：一类是买家未收到货物而产生的纠纷，俗称未收到货；另一类是买家收到货物，但货物与约定不符导致的纠纷，俗称货不对版。

下面以全球速卖通为例，介绍跨境电商纠纷处理办法。

（1）买家未收到货类纠纷及解决办法见表4-2。

表4-2 未收到货类纠纷及解决办法

未收到货类纠纷	卖家举证（速卖通通知举证3个自然日内）	处理原则	建议
查无物流信息	有效运单号	若卖家在规定的时间内未提供有效的运单号，速卖通将全额退款	(1) 卖家在货物发出后填写正确的运单号； (2) 关注物流状态，若有转单号及时更新； (3) 遇异常情况及时主动与买家和物流公司沟通并尽快解决

续前表

未收到货类纠纷		卖家举证（速卖通通知举证3个自然日内）	处理原则	建议
物流显示已妥投	物流妥投地址与买家下单地址匹配		若物流妥投地址与买家下单地址匹配，速卖通将放款给卖家	
	物流妥投地址与买家下单地址不匹配	若买家要求修改地址，卖家需提供沟通记录	若卖家逾期未提供有效证明，速卖通将全额退款给买家	若卖家使用线上发货且填写地址无误，卖家可发起线上发货的投诉
物流显示货物未妥投	货物在海关	若是因卖家原因造成的扣关，卖家需积极配合，提供清关所需材料，包括但不限于品牌授权证书、商业发票等	(1) 买家举证扣关文件，若显示是因卖家原因造成扣关，且买家无法取回货物，速卖通将退款给买家； (2) 若文件显示是因买家原因造成扣关，买家有清关义务，速卖通将放款给卖家	卖家在选择货品及发货之前要充分了解海关相关政策
	货物在途中		(1) 若限时达超期，速卖通将退款给买家； (2) 若限时达未到期，卖家积极与买家沟通	(1) 卖家尽量使用可追踪信息强、时效性高的物流方式，如商业快递、线上发货； (2) 卖家设置合理的限时达时间
物流显示货物原件退回		因买家原因导致货物不能正常妥投的证明，比如物流公司的查单结果、物流公司内部发出的邮件证明、与买家的聊天记录等	货物的款项速卖通将退回给买家，发货和退回的运费根据订单的具体情况和买卖家原因进行判责	(1) 卖家货物发出前核查收货信息，确保信息准确； (2) 货物发出后及时关注物流状态，遇异常情况及时主动与买家和物流公司沟通并尽快解决
卖家私自更改物流方式		发货前买家要求或同意更改物流方式的举证，比如与买家的沟通记录等	(1) 卖家承担相应责任； (2) 若产生物流费用差价，由卖家承担	(1) 未经买家同意，不要私自更改物流方式； (2) 若买家要求或同意更改，卖家保留相关证据

(2) 买家收到货物与约定不符类纠纷及解决办法见表4-3。

表 4-3　　货不对版类纠纷及解决办法

货不对版类纠纷	卖家举证	处理原则	建议
货物与描述不符	如果在买家下订单之前卖家已经明确提示买家产品可能存在颜色的偏差，或产品可能存在一定误差，并明确了误差大小，自速卖通发出通知起 3 天内卖家需提供有关提示的沟通记录作为证明	(1) 如果卖家产品标题、图片、描述中明确写明产品型号，默认为该产品具有该型号的所有功能，如果买家投诉缺少某功能，卖家将承担全部责任； (2) 根据买卖双方的证明，如果有货物与描述不符的情况，则属于卖家责任，买家对于处理方式有最终选择权利，买家可选择退款方案或者退货方案； (3) 若产品页面有多种型号多种颜色的，但是买家下单时无法选择型号和颜色，在下单时留言表示需要选择其中某一种，后期发错型号、颜色的，卖家将承担全部责任	若买卖双方在纠纷结案前达成退货退款的协议，平台将支持双方的协议，要求买家退货。对于产品的确存在货不对版问题的案件，建议卖家承担运费退回
质量问题		根据买卖双方的证明，若货物有质量问题，则属于卖家责任，买家对于处理方式有最终选择权利，买家可选择部分退款或者退款退货	建议卖家保证货物质量，并与买家保持沟通及时解决问题
销售假货	自速卖通通知卖家举证开始 7 天内卖家需提供授权许可证明和销售许可证明等	(1) 根据买卖双方的证明，卖家产品为侵权产品的，卖家将承担全部风险，平台会先将订单金额全额退款给买家，卖家需自行联系买家取回货物； (2) 同时阿里巴巴有权根据全球速卖通平台发布的侵权产品管理规则及其他适用平台规则对卖家进行处罚	切勿在平台销售假冒侵权产品，若买家投诉产品为假冒侵权产品，卖家将承担全部风险，即使买家在知情的情况下购买，也将由卖家承担所有责任
虚拟产品		(1) 一旦买家投诉卖家销售的产品为虚拟产品，订单将被取消，并将全额退款给买家； (2) 阿里巴巴有权根据全球速卖通平台发布不适宜本平台的产品管理规则及其他适用平台规则对卖家进行处罚	切勿在平台销售虚拟产品，若买家投诉产品为虚拟产品，卖家将承担全部风险，即使买家在知情的情况下购买，也将由卖家承担所有责任

续前表

货不对版类纠纷	卖家举证	处理原则	建议
货物短装	从速卖通通知卖家提交相关证明材料时开始计算 3 天内，提供发货底单以及重量说明。包括： (1) 单件产品重量照片； (2) 整件产品加上包裹重量照片； (3) 发货底单和物流出具的包裹重量证明	根据买卖双方提供的证明，货物短装的，或者卖家逾期不提供无短装的证明，按未发货的产品数量所占该订单总金额的份额，将部分退款给买家，即退还该订单短装件数所对应的金额	(1) 卖家应保留发货时的重量证明，如称重拍照或视频记录等； (2) 发布产品时注意销售方式，切勿混淆 piece 和 lot 的区别
货物破损		若买家或者物流公司提供了有效证据证明是卖家责任导致的货物破损，则订单金额全额退款给买家	建议卖家发货之前充分检查货物状态及包装，交易过程中及时与买家沟通并且解决问题
买家收到货物后退货	(1) 卖家需及时与速卖通确认是否收到退货； (2) 如果买家退货到达中国海关，由于清关是收件方的责任，所以卖家需要积极清关，或者提供由于买家原因导致无法清关的扣关文件，否则订单将按照买家要求操作退款； (3) 若货物到达卖家城市后又退回买家，需要卖家提供相应的邮局说明，证明非自身原因导致货物退回，否则订单将按照买家要求退款； (4) 若买家未与卖家协商自行退货，速卖通会要求买家提供退货原因及相关证明，若买家无法提供，则卖家有权拒收买家退货，速卖通亦可拒绝向买家退款	若由于卖家原因致使买家退货无法正常妥投，订单金额会全额退给买家。所以建议在买家提供退货单号后，卖家能实时跟踪物流信息	建议卖家在速卖通账号中及发货单上留下有效退货地址和信息，确保在退货的时候自己能够收到货物，避免损失

续前表

货不对版类纠纷	卖家举证	处理原则	建议
卖家私自更改物流方式	卖家需要提供在更改物流方式前，征得买家同意的聊天记录截图	(1) 若卖家私自更改物流方式，货物到达买家国海关时，买家无法清关，属于卖家责任，速卖通平台会按照买家要求操作退款； (2) 若订单已收取物流费用，卖家私自改变方式，则订单的运费金额将退款给买家； (3) 若卖家更改了物流方式，导致货物未能在指定地点妥投，买家需要到很远的地方取货，属于卖家责任，卖家需要补偿买家额外运费； (4) 若卖家私自更改物流方式，导致买家延迟收到货物，亦属于卖家责任，速卖通平台将按照具体的延迟日期计算退款金额	
卖家强行发货（违约）	提供物流单号，证明在买家取消订单之前已经发货，且有物流信息	卖家强行发货后，若包裹在物流运输过程中出现海关扣关、买家拒签等情况，均属于卖家责任	

（二）纠纷仲裁流程[①]

速卖通纠纷提交及协商流程见图 4－1。

1. 买家提起退款申请（即提起纠纷）

(1) 买家提起纠纷的原因。

1) 未收到货。

2) 收到的货物与描述不符。

(2) 买家提起纠纷的时间。

卖家填写发货追踪号以后，根据不同的物流方式，买家可以在不同的期限内提起退款申请。

① http：//seller. aliexpress. com/education/rule/dispute/submit. htm/

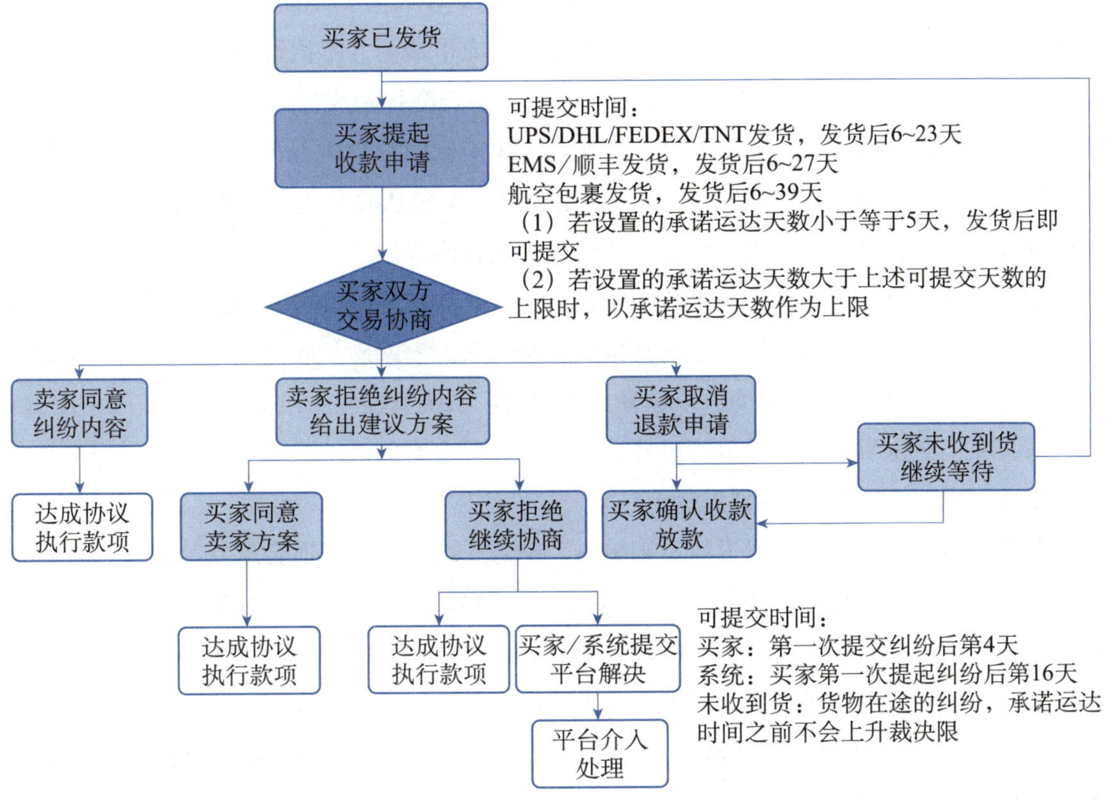

图 4-1　速卖通纠纷提交及协商流程

1）系统默认的时间：商业快递（UPS/DHL/FEDEX/TNT）为第 6～23 天；EMS/顺丰为第 6～27 天；航空包裹发货为第 6～39 天。

2）若设置的运达时间小于或等于 5 天，卖家发货后，买家即可提起纠纷。

3）若设置的运达时间大于系统默认的运达时间，以卖家设置的承诺运达时间为上限。

（3）买家端操作。

在订单的详情页中，买家可以看到按钮“Open Dispute”，单击该按钮就可以提交退款申请，当买家提交退款申请时纠纷即产生。提交后，买卖双方可以就退款申请进行协商解决，协商阶段平台不介入处理。

2. 买卖双方交易协商

买家提起退款申请后，需要卖家确认，卖家可以选择同意纠纷内容，然后进入纠纷解决阶段，或者拒绝纠纷内容，与买家进一步协商。

（1）卖家同意纠纷内容。

若卖家同意买家提起的退款申请，可单击“同意纠纷内容”并进入纠纷解决阶段。买家提起的退款申请有以下几种类型：

1）买家未收到货，申请全额退款。卖家接受时，平台会提示卖家再次确认退款方案，若同意退款申请，则退款协议达成，款项会按照买家申请的方案执行退款。

2）买家申请部分退款不退货。卖家接受时，平台会提示卖家再次确认退款方案，若同意退款申请，则退款协议达成，款项会按照买家申请的方案执行部分退款及部分放款。

3）买家要求退款退货。若卖家接受，则需要卖家确认收货地址，默认卖家注册时填写的地址，若不正确，则单击“修改收货地址”进行修改。

卖家确认收货地址后，需要等待买家退货，买家需在10天内填写退货单号，若10天内未填写，视为买家放弃退货，系统直接放款给卖家。卖家确认收货地址后，到买家填写退货订单号的30天内，买家均可以选择放弃退货，系统直接放款给卖家。

若买家已经退货，填写了退货单号，则需要等待卖家确认。

卖家需在30天内确认收到退货。

若确认收到退货，并同意退款，则单击“确定”按钮，速卖通会退款给买家。

若卖家在接近30天的时间内没有收到退货，或收到的退货货不对版，可以提交至平台进行纠纷裁决，平台会在2个工作日内介入处理，卖家可以在投诉举报平台查看状态及进行响应。平台裁决期间，卖家也可以单击“撤诉”撤销纠纷裁决。

若30天内卖家未进行任何操作，即未确认收货、未提交纠纷裁决，系统会默认卖家已经收到退货，自动退款给买家。

（2）卖家拒绝纠纷内容。

若卖家不接受买家的退款申请，可以单击“拒绝纠纷内容”按钮，并填写卖家建议的解决方案。

1）买家若未收到货提起退款申请，卖家拒绝时附件证明必须上传，包括发货底单、物流公司的查单、物流官方网站的查询信息截图等证据，证明卖家已发货且物流状态正常。

2）买家提起货不对版的退款申请，卖家拒绝时的附件证明为选填，可以提供产品发货前的图片、沟通记录、重量证明等证据，证明卖家如实发货。

拒绝退款申请后，需要等待买家确认。若买家接受卖家的方案，则退款协议达成，款项会按照买卖双方协商的方案执行；若买家不接受卖家的解决方案，买家可以选择修改退款申请，再次与卖家确认，继续协商。

（3）买家取消退款申请。

在买卖双方协商阶段，买家可以取消退款申请即纠纷，若买家因为收到货物取消了退款申请并确认收货，则交易进入放款阶段；若由于其他原因买家取消了退款申请（如货物在运输途中，愿意再等待一段时间），则继续进行交易流程。

跨境电商纠纷处理技巧

（三）有效避免纠纷

卖家应该明白，解决纠纷最有效的途径不是解决纠纷，而是预防纠纷。在交易的过程中，要尽量避免纠纷的产生，让买家感到满意，这些都有助于留住客户并且产生口碑效应，赢得更多的客户。买家提起的纠纷主要有两大类："货不对版"和"未收到货"。针对这两大类纠纷，应采取的避免纠纷的措施如表 4－4 所示。

表 4－4　避免纠纷措施

纠纷类型	避免纠纷的措施	
货不对版	产品描述真实全面	(1) 电子类产品，将产品功能及使用方法给予全面说明，避免买家收到货后因无法合理使用而提起纠纷。 (2) 服饰、鞋类产品，建议提供尺码表，以便买家选择，避免买家收到货后因尺寸不合适而提起纠纷等。 (3) 不可因急于达成交易而对买家有所欺骗，如实际只销售 2G 容量的 U 盘却刻意将容量大小描述成 256G。 (4) 产品描述中对于产品的瑕疵和缺陷也不应有所隐瞒。 (5) 产品描述中建议注明货运方式、可送达地区、预期所需的运输时间。 (6) 建议向买家解释海关清关缴税、产品退回责任和承担方等内容
	严把质量关	(1) 发货前，对产品进行充分检测：产品的外观是否完好，产品的功能是否正常，产品是否存在短装，产品邮寄时的包装是否抗压抗摔、适合长途运输等。 (2) 若发现产品质量问题，应及时联系厂家或上游供应商进行更换，避免因产生纠纷而造成退换货，外贸交易中退还货物的运输成本是极高的
	杜绝假货	卖家一旦被发现销售假货，在遭受经济损失的同时也将受到平台相关规则的处罚。因此，对于涉及第三方知识产权，且无法提供授权证明的产品，务必不要销售
未收到货	选择有保障的物流	(1) 在选择快递方式时，可以结合不同地区、不同快递公司的清关能力以及包裹的运输期限，选择 EMS、DHL、FEDEX、UPS、TNT、SF 等物流信息更新较准确、运输时效性更佳的快递公司，这些快递方式与航空大小包相比，风险会低很多。 (2) 如需找寻货代公司帮助发货，请优先选择正规、能同时提供发货与退货保障的货代公司，以最大限度地保证利益不受损害。 (3) 选择快递方式时务必权衡交易中的风险与成本，尽可能选择可提供实时查询货物追踪信息的快递公司
	及时有效沟通	(1) 如果包裹发生了延误，请及时通知买家，解释包裹未能在预期时间内达到的原因，获得买家谅解。 (2) 如果包裹因关税未付被扣关，请及时告知买家，声明己方已在产品描述中注明了买家的缴税义务，不妨此时提出为买家分担一些关税，这样不仅能避免物品退回，更能让买家为己方十足的诚意而给予好评。 (3) 如果包裹因无人签收而暂存于邮局，请及时提醒买家找到邮局留下的字条，在有效期内领取；及时处理买家关于物品未收到的询问，让买家体会到己方的用心服务

三、处理知识产权投诉

知识产权（intellectual property rights）也称“智力成果权”“无形财产权”，是人们对自己所创造的智力活动成果依法享有的占有、使用、收益和处分的权利。

（一）了解知识产权的类型[①]

人们平时经常接触到的知识产权类型主要为专利权、商标权、著作权。

1. 专利权

专利权是知识产权的重要组成部分。通俗来讲，专利权是一种财产权，是专利权的拥有者运用法律保护手段“跑马圈地”，独占现有市场、抢占潜在市场的有力武器。但这种独占只能是特定时间内的独占，专利权是有期限的，当期限届满或专利权中途丧失，其他任何人都可无偿使用该专利技术；其抢占也是有条件的，只有满足专利条件，向相关机关（一般为各个国家专利授权机关）申请并获得授权后，才能拥有专利权。

一般来说，专利权可分为以下三种类型：

（1）发明专利权。

在各种专利中，发明专利的技术含量最高，发明人所花费的创造性劳动最多，新产品及其制造方法、使用方法都可以申请发明专利。

发明专利的保护范围以发明专利审定授权说明书中权利要求的内容为准，说明书及附图可以用于解释权利要求的内容。通过阅读该权利要求，即可了解发明专利的保护内容。

在中国，发明专利权的保护期限为 20 年。

（2）实用新型专利权。

只要有一些技术改进就可以申请实用新型专利。实用新型其实就是对产品的形状、构造或者其结合所提出的适于实用的新的技术方案。

与发明专利一样，实用新型专利的保护范围也是以其审定授权说明书中权利要求的内容为准，说明书及附图可以用于解释权利要求的内容。通过阅读该权利要求，即可了解实用新型专利的保护内容。

在中国，实用新型专利权的保护期限为 10 年。

---

① http：//sell. aliexpress. com/ _ pc/IPR. html/.

（3）外观设计专利权。

只要涉及产品的形状、图案或者其结合以及色彩与形状、图案的结合，富有美感，并适于工业上应用的新设计，就可申请外观设计专利。

外观设计专利的保护范围以审定授权说明书中表示为图片或者照片的该产品的外观设计为准，简要说明可以用于解释图片或者照片所表示的该产品的外观设计。

在中国，外观设计专利权的保护期限为10年。

2. 商标权

商标由来已久，以前的“字号”，现在常说的“牌子”，都是商标。其实，商标就是商业经营者为了将自己的产品或服务与其他人的产品或服务区分开来而使用的标示。这种标示具有商业价值。标示可由文字、图形、字母、数字、三维标志、颜色等要素或其组成构成。需要明确的是，商标有使用商标与注册商标的区别。使用商标是指商业经营者使用一个标示将自己的产品或服务与他人的相区别。这种商标不需要注册。注册商标是指商业经营者向相关授权机关（一般为各个国家的商标局）提出申请并获得授权的标示，一般会在商标右上角加“®”表明该商标已注册。相较于使用商标，注册商标因获得授权并公开而更具有法律效力。因此，平时投诉中所遇到的商标权，即为注册商标专用权的简称，指的是商标授权机关依法授予的，商标所有人对其注册商标享有受国家法律保护的排他使用权、收益权、处分权和禁止他人侵权的权利。

3. 著作权

著作权常被称为版权。过去，印刷术不普及，印刷显得很有价值，当时社会认为附随于著作物最重要的权利莫过于将这个著作印刷出版之权，故有此称呼。随着社会的发展，著作种类增加，著作权的范围已不限于印刷出版之权了。

对著作权的了解，首先需要明确著作的含义。

著作，指的是公民、法人或者其他组织所创作的文学、艺术和自然科学、社会科学、工程技术等作品。如图书、图画、雕塑等。软件代码也属于著作。

著作权，则指的是著作的作者及其相关主体依法对作品所享有的权利，包括金钱方面的权利（出版、复制等），也包括人身方面的权利（署名等）。

著作权自作品完成之日起即产生，并不因登记、申请才拥有。

在中国，受著作权法保护的作品范围主要为：

（1）文字作品，例如小说、散文、论文等。

跨境电商如何规避法律风险

(2) 口述作品，例如演说、授课、法庭辩论等。

(3) 音乐、戏剧、曲艺、舞蹈、杂技艺术作品。

(4) 美术、建筑作品。

(5) 摄影作品。

(6) 电影作品和以类似摄制电影方法创作的作品。

(7) 工程建设图、产品设计图、地图、示意图等图形作品和模型作品。

(8) 民间文学艺术作品。

(9) 计算机软件。

(10) 法律法规规定的作品等。

跨境电商如何应对海外侵权纠纷

(二) 处理知识产权投诉的流程

1. 知识产权投诉处理步骤

第一步：了解投诉方及其知识产权情况，了解被投诉产品情况。

第二步：判断被投诉产品是否侵权，决定是否异议投诉。

(1) 认为产品侵权。

在此情况下，若还有与该知识产权相关的信息，建议在后台进行清理，避免再次被投诉；也可通过在知识产权保护系统中了解到的联系方式与投诉方进行联系，经过沟通协商，如其同意撤诉，可请投诉方直接通过知识产权系统进行撤诉操作。

(2) 认为产品不侵权。

在此情况下，可在知识产权保护系统中发起反通知，说明不侵权理由；也可通过在知识产权保护系统中了解到的联系方式与投诉方进行联系，经过沟通协商，如其同意撤诉，可请投诉方直接通过知识产权系统进行撤诉操作。

2. 阿里巴巴国际站知识产权投诉处理流程

下面以阿里巴巴国际站为例，来了解一下知识产权投诉处理的流程，见图 4-2。

(1) 登录知识产权系统了解知识产权情况及被投诉产品详情。

通过管理员账户、密码登录知识产权保护系统，点击知识产权编号，可查看知识产权信息及相关附件；点击“立即查看”查看被投诉方链接，若产品已被删除，可点击“案例详情”查看快照。

具体操作如下：

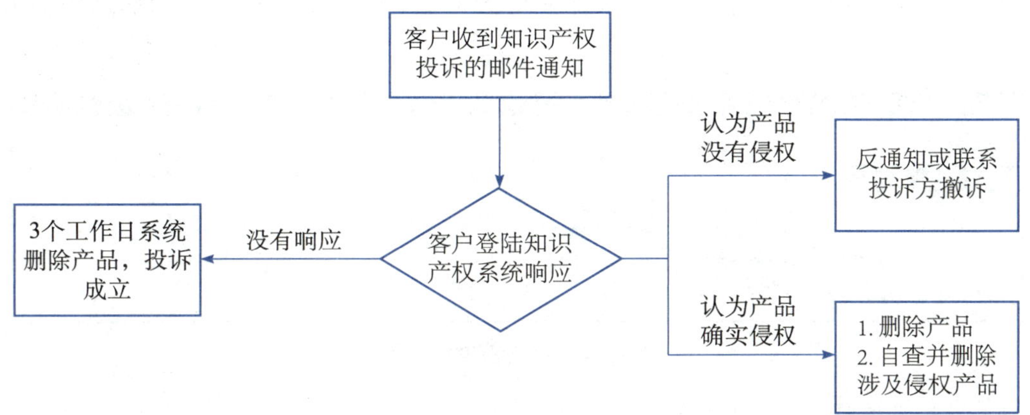

图 4－2　阿里巴巴国际站处理知识产权投诉流程

1）查看投诉方知识产权详情。

第一步：使用国际站账号、密码，登录“知识产权保护系统”，点击“我要回应投诉”进行登录；也可以在 My Alibaba 后台或者 Alibaba.com 导航中登录。见图 4－3 和图 4－4。

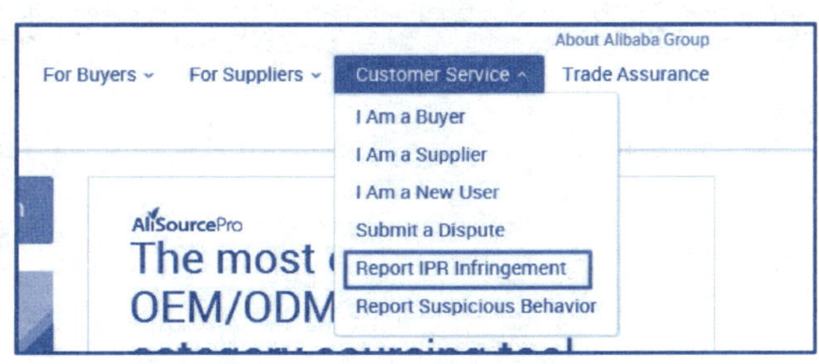

图 4－3　登录阿里巴巴后台 1

图 4－4　登录阿里巴巴后台 2

第二步：登录后在被投诉管理模块下可以看到待回应的投诉及历史被投诉记录，见图 4－5。

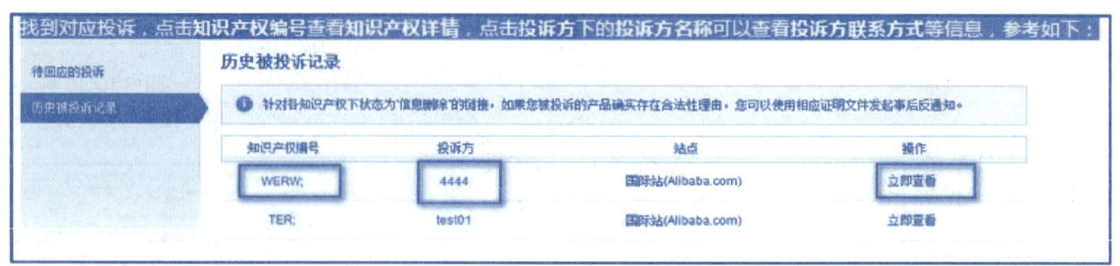

图 4－5　历史被投诉记录

2）查看被投诉产品详情。

第一步：登录知识产权保护系统，在被投诉管理模块下可以看到待回应的投诉和历史被投诉记录，点击“立即处理”或者“立即查看”即可查看到具体被投诉的产品信息，见图 4－6。

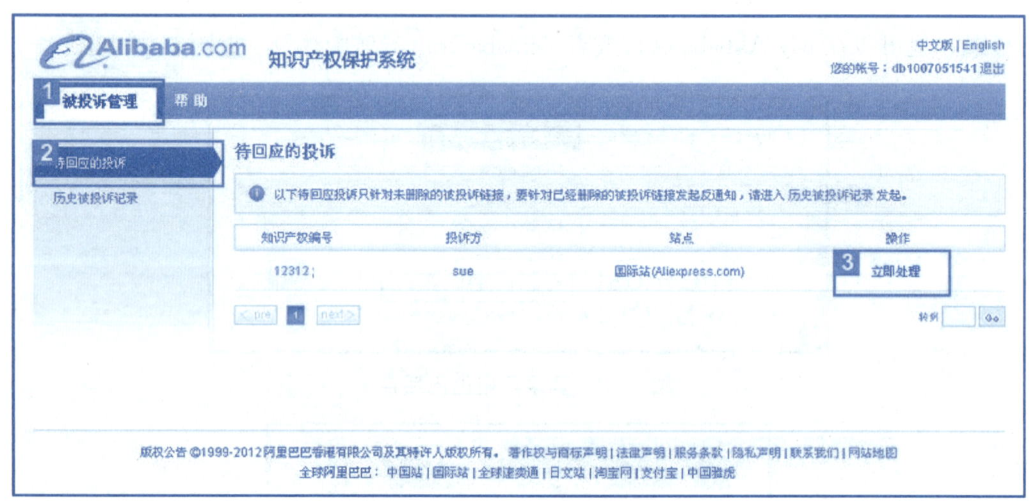

图 4－6　查看被投诉产品信息

第二步：在“历史被投诉记录”中点击“立即查看”，然后再点击“查看快照”即可查看，见图 4－7。

（2）发起反通知。

如果被投诉方不认可知识产权投诉方的投诉，根据投诉方投诉的类型（商标、著作权、专利权），说明被投诉信息并未侵权的理由并附上证明材料。

第一步：可以登录阿里巴巴知识产权保护系统（备注：需要使用阿里巴巴国际站主账号登录，子账号不能自行操作）。

第二步：点击“被投诉管理”中的“待回应的投诉”，对链接还未被移除的投诉发起反通知，见图 4－8。

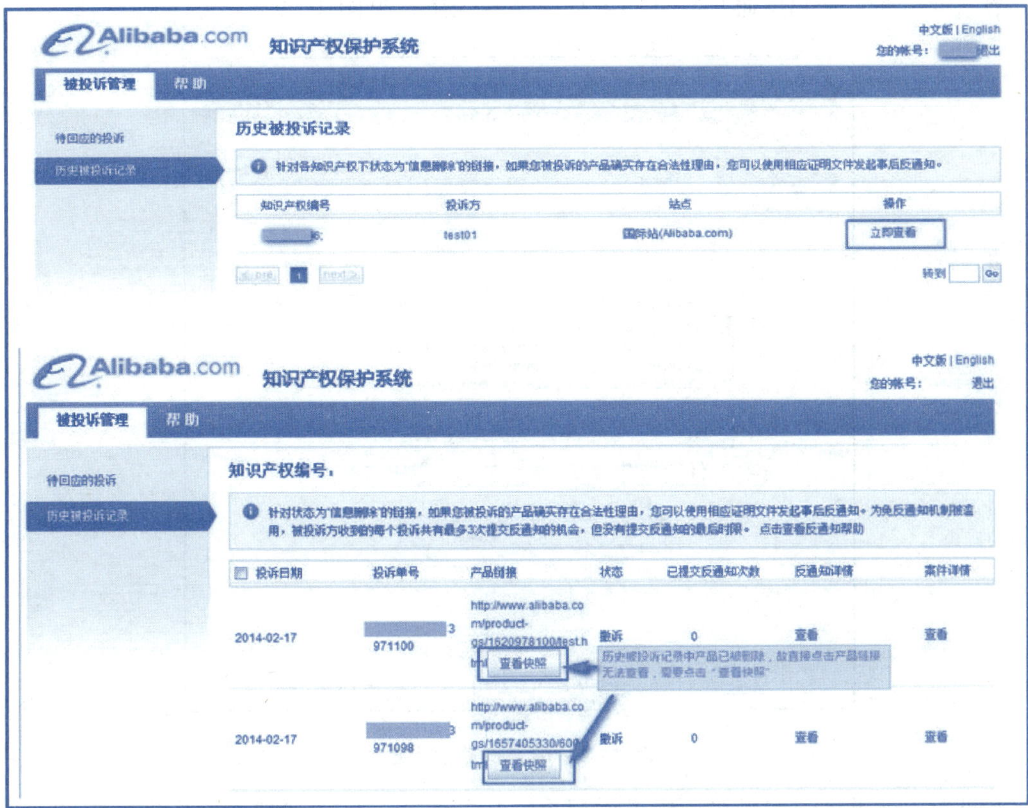

图 4-7　查看快照

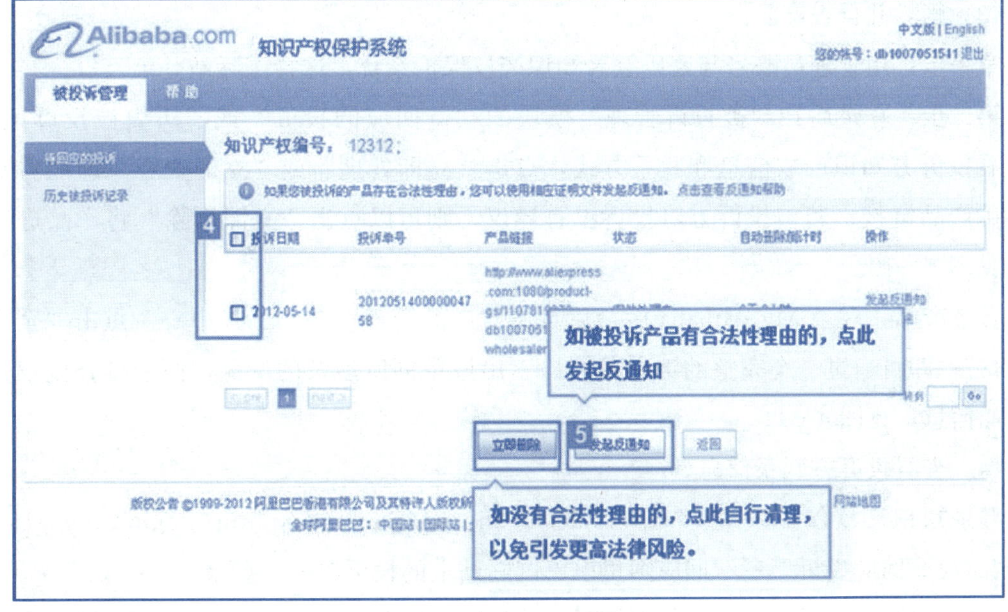

图 4-8　发起反通知

第三步：在“发起反通知”页面填写反通知表单，见图 4 - 9。

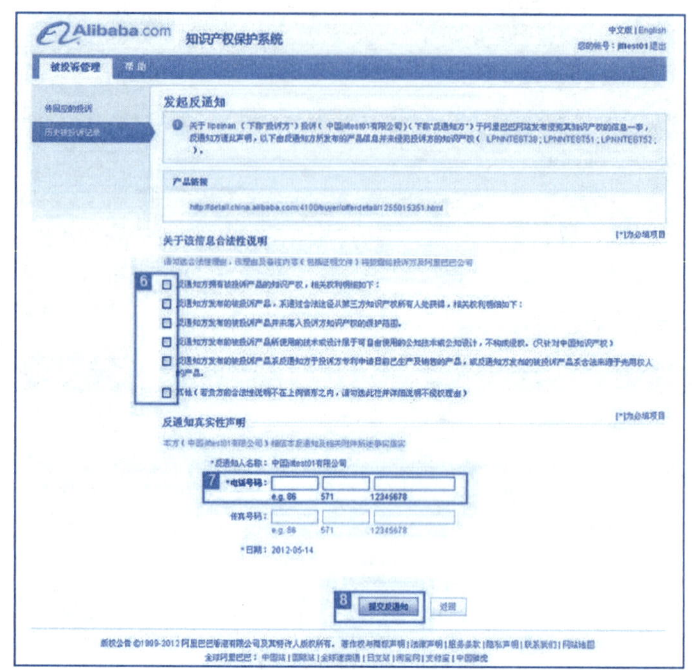

图 4 - 9　填写反通知表单

第四步：被投诉方也可对历史投诉记录发起反通知：点击“被投诉管理”中的“历史被投诉记录”，查看案件情况。勾选需发起反通知的投诉，点击“发起反通知”。

(3) 删除并自查产品。

第一步：用管理员账号与密码登录知识产权保护系统，选择国际站登录入口。

第二步：登录后在“被投诉管理”模块的“待回应的投诉”或“历史被投诉记录”下查看投诉方知识产权信息和联系方式，点击“立即处理”或“立即查看”即能看到被投诉的产品链接；若被投诉方对投诉没有异议，则可以点击“立即删除”将产品进行删除，见图 4 - 10。

自查产品：登录 My Alibaba 后台后点击“产品管理”在“工具中心”点击“全文搜索工具”，即可通过一个完整的英文单词检索出该单词所涉及的产品，便于排查侵权禁售的产品信息，见图 4 - 11。

(4) 查看投诉方联系信息。

登录知识产权保护系统：http：//legal. alibaba. com/index. htm? loginType＝china，选择：“我要回应投诉”—“回应阿里巴巴国际站上的投诉”—“登录”。

在投诉记录中，点击“投诉方信息”—“查看投诉方联系信息”，然后可以联系对方进行沟通。

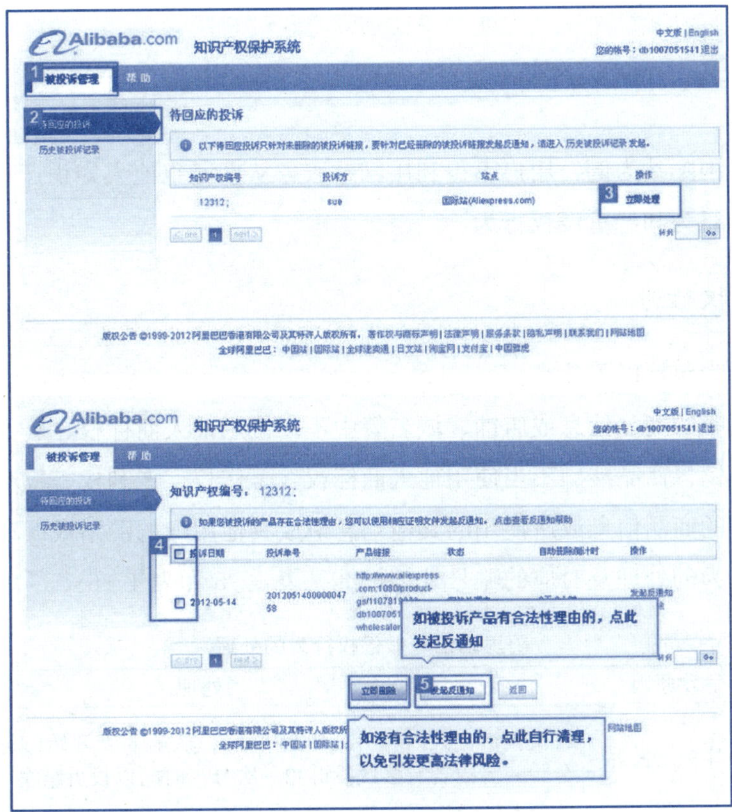

图 4－10　删除产品

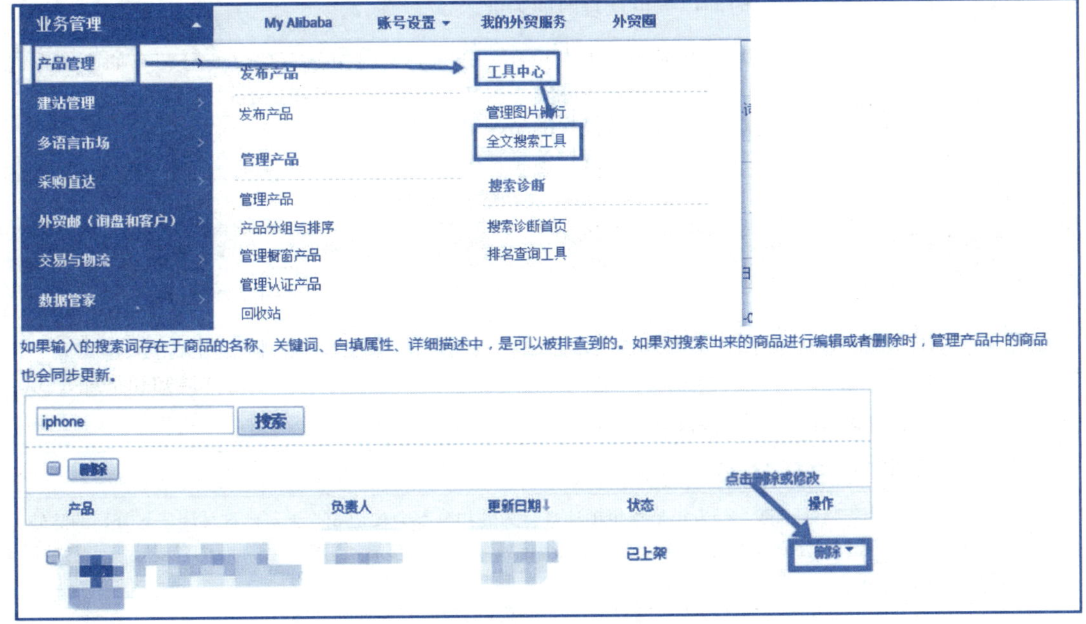

图 4－11　自查产品

（三）知识产权侵权处罚规则

以阿里巴巴国际站为例，用户不得利用网站服务从事侵犯他人知识产权的行为，包括两类：一般侵权行为和严重侵权行为。

1. 一般侵权行为

一般侵权行为包括以下几类：

（1）在所发布的商品信息或店铺、域名等中不当使用他人商标权、著作权等权利。

（2）发布、销售商品涉嫌不当使用他人商标权、著作权、专利权等权利。

（3）所发布的商品信息或所使用的其他信息造成其他用户的混淆或误认。

一般侵权行为的处理及对应的账号处理标准见表 4－5 和表 4－6。

表 4－5　阿里巴巴一般侵权行为的处理

	触发原因	处理
一般侵权行为	图片盗用投诉	首次投诉 5 天内算一次（不扣分），从第 6 天开始，每次投诉成立扣 6 分，一天内若有多次投诉扣一次分。时间以投诉结案时间为准
	权利人投诉	首次投诉 5 天内算一次（不扣分），从第 6 天开始，每次被同一知识产权投诉成立扣 6 分，一天内若被同一知识产权多次投诉成立扣一次分。时间以投诉受理时间为准
	平台抽样检查	每退回或删除 1 次扣 0.2 分，一天内扣分不超过 6 分；有如下情形之一的，每退回或删除 1 次扣 2 分，一天内扣分不超过 12 分： （1）发布涉嫌侵权的品牌衍生词； （2）发布涉嫌侵权信息且类目错放

表 4－6　一般侵权行为对应的账号处理标准

扣分累计	处理方式	备注
6 分	严重警告	邮件通知
12 分	搜索屏蔽 7 天 & 旺铺屏蔽 7 天	邮件通知和系统处罚
24 分	搜索屏蔽 14 天 & 旺铺屏蔽 14 天	
36 分	搜索屏蔽 21 天 & 旺铺屏蔽 21 天	
48 分	关闭账号	

注：（1）分数按行为年累计计算，行为年是指每项违规行为的扣分都会被记 365 天。已被关闭账号处罚的除外。

（2）用户累计罚分达到 24 分或以上的，阿里巴巴有权拒绝或限制用户参加阿里巴巴国际站的各类推广、营销活动或产品/服务的使用。

（3）下架商品在投诉举报及平台抽样检查范围之内，如有违规会按照相关规则处罚。

（4）如用户违规情节特别严重，阿里巴巴有权立即单方解除合同、关闭账号且不退还剩余服务费用，并有权做出在阿里巴巴国际站及/或其他媒介进行公示、给予关联处罚及/或永久不予合作等处理。

2. 严重侵权行为

以下为严重侵权行为：

（1）发布、销售未经著作权人许可复制其作品的图书、音像制品、软件。

（2）发布、销售非商品来源国的注册商标权利人或其被许可人生产的商品。

严重侵权行为的处理见表 4-7。

表 4-7　　阿里巴巴严重侵权行为的处理

	被投诉情况	累计被投诉次数	处理方式
严重侵权行为	首次被投诉，5 天内算一次	1 次	严重警告
	第二次被投诉	2 次	搜索屏蔽 7 天 & 旺铺屏蔽 7 天
	第三次被投诉	3 次	搜索屏蔽 14 天 & 旺铺屏蔽 14 天或关闭账号
	第四次被投诉	4 次	关闭账号
	若被投诉方被同一权利人的同一知识产权累计投诉 3 次，账号会直接被关闭		

注：（1）此处所指的“投诉”，均指“投诉成立”之意，即被投诉方被某一知识产权投诉，在规定期限内未发起反通知，或虽发起反通知，但反通知不成立。

（2）每次违规后，均需进行知识产权学习。

（3）一天内若被同一知识产权多次投诉且投诉成立，记 1 次严重违规，时间以投诉受理时间为准。

（4）严重违规次数按行为年累计计算，行为年是指每项违规行为的处罚会被记录 365 天。

（5）下架商品在投诉举报及平台抽样检查范围之内，如有违规会按照相关规则处罚。

（6）如侵权情节特别严重，阿里巴巴保留对于会员解除合同、直接关闭账户等处罚的权利。

商标查询工具

1. 中国商标网：http：//sbcx. saic. gov. cn/trade/index. jsp，点击“商标综合查询”，见图 4-12。

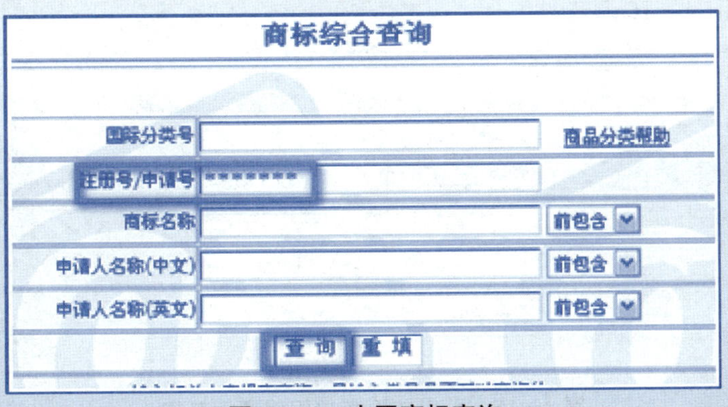

图 4-12　中国商标查询

2. 美国商标查询（TARR）：http：//tarr. uspto. gov/，见图 4－13。

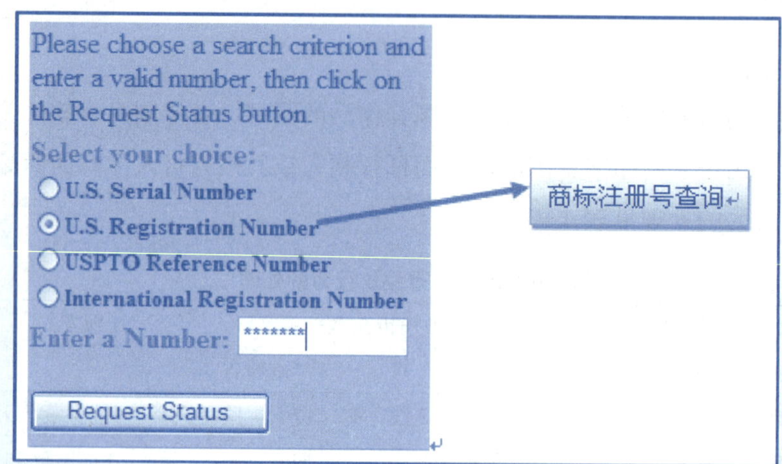

图 4－13　美国商标查询

3. 欧盟商标查询：http：//oami. europa. eu/CTMOnline/RequestManager/en _ SearchBasic＃，见图 4－14。

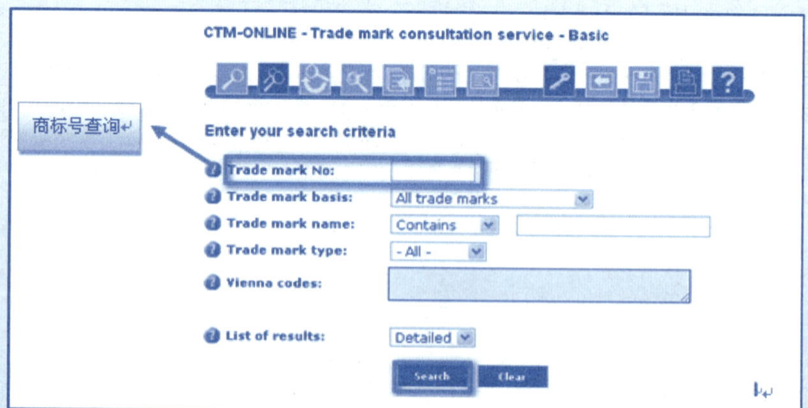

图 4－14　欧盟商标查询

4. 世界知识产权组织（WIPO）商标查询：http：//www. wipo. int/romarin/，见图 4－15 和图 4－16。

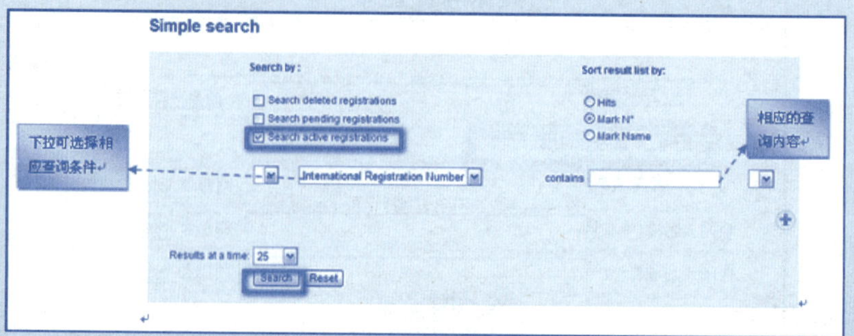

图 4－15　世界知识产权组织商标查询 1

图 4-16 世界知识产权组织商标查询 2

5. 中国香港商标查询：http：//ipsearch. ipd. gov. hk/trademark/jsp/main _ schi. jsp，见图 4-17。

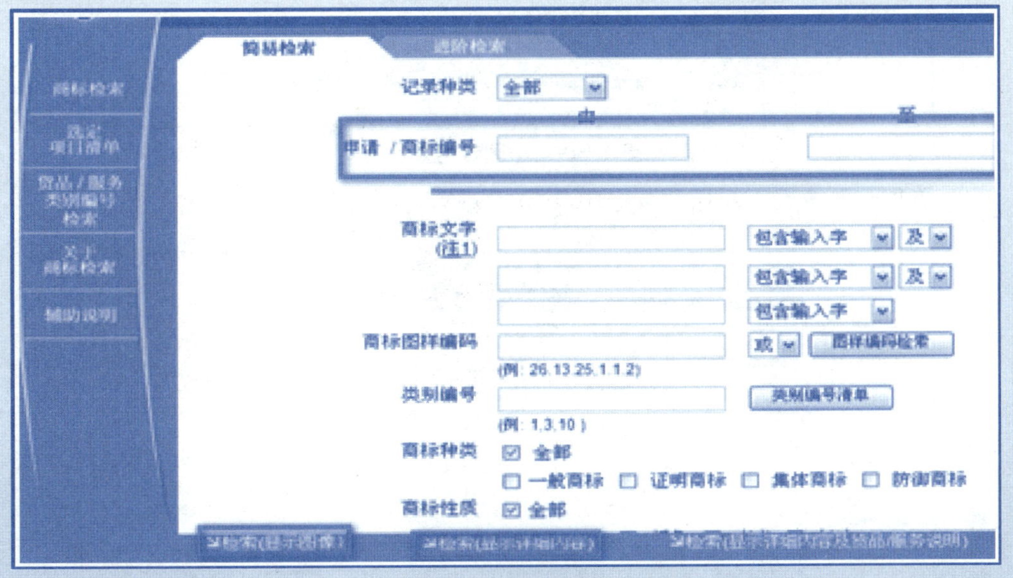

图 4-17 中国香港商标查询

专利查询工具

1. 中国专利查询：http：//www. sipo. gov. cn/，见图 4-18 和图 4-19。

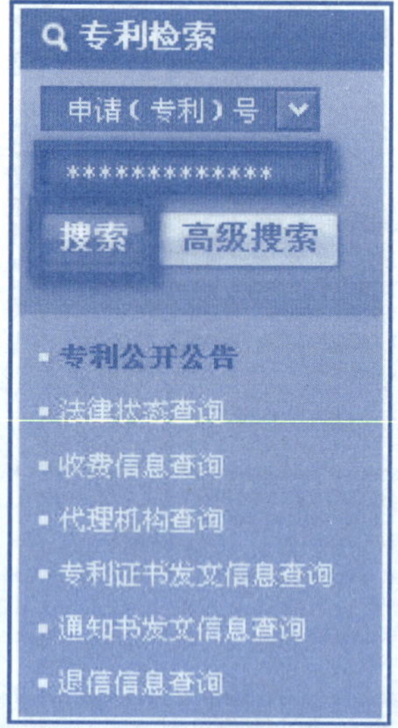

图 4-18　中国专利查询 1

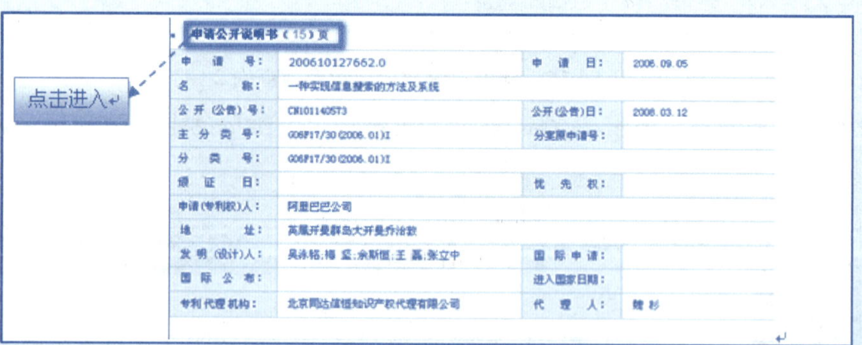

图 4-19　中国专利查询 2

2. 美国专利查询：http：//patft. uspto. gov/，见图 4-20。

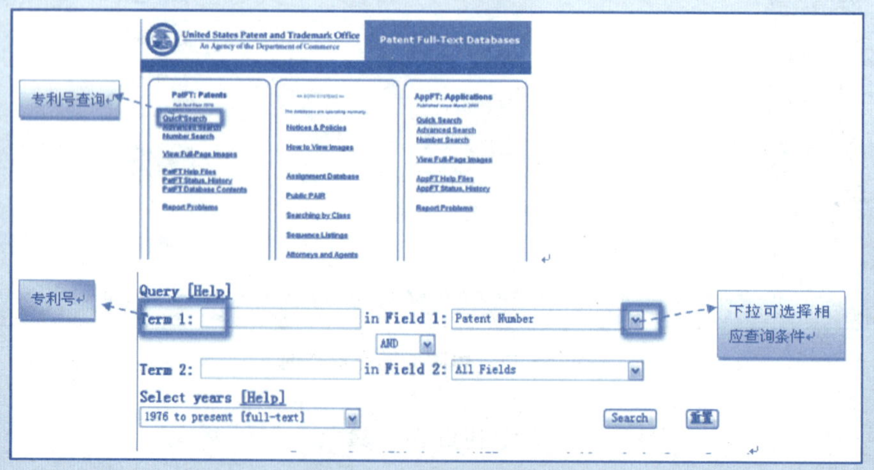

图 4-20　美国专利查询

3. 欧盟发明专利查询：http：//ep. espacenet. com/numberSearch？ locale＝en _ EP，见图 4－21。

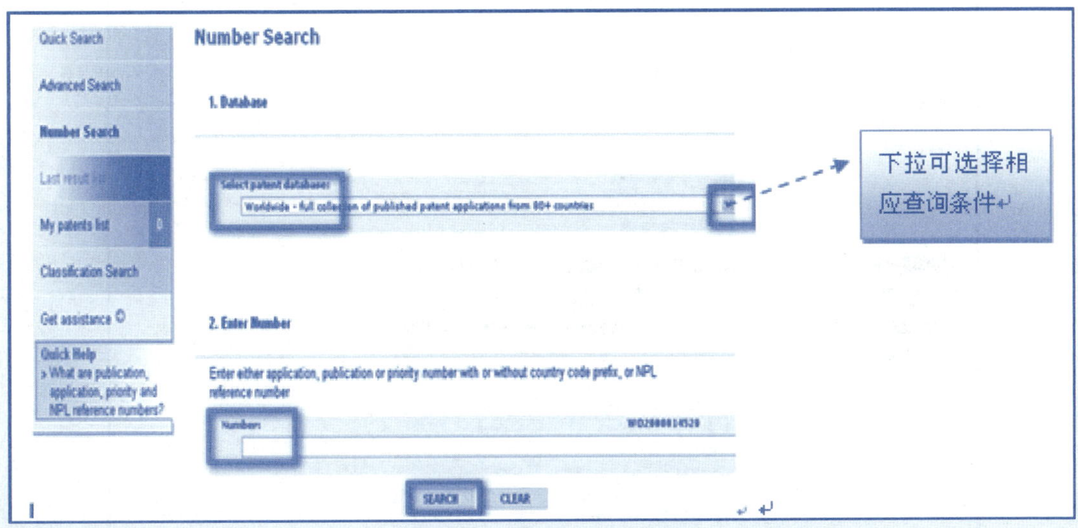

图 4－21　欧盟发明专利查询

4. 欧盟外观专利查询：http：//oami. europa. eu/RCDOnline/RequestManager＃，见图 4－22。

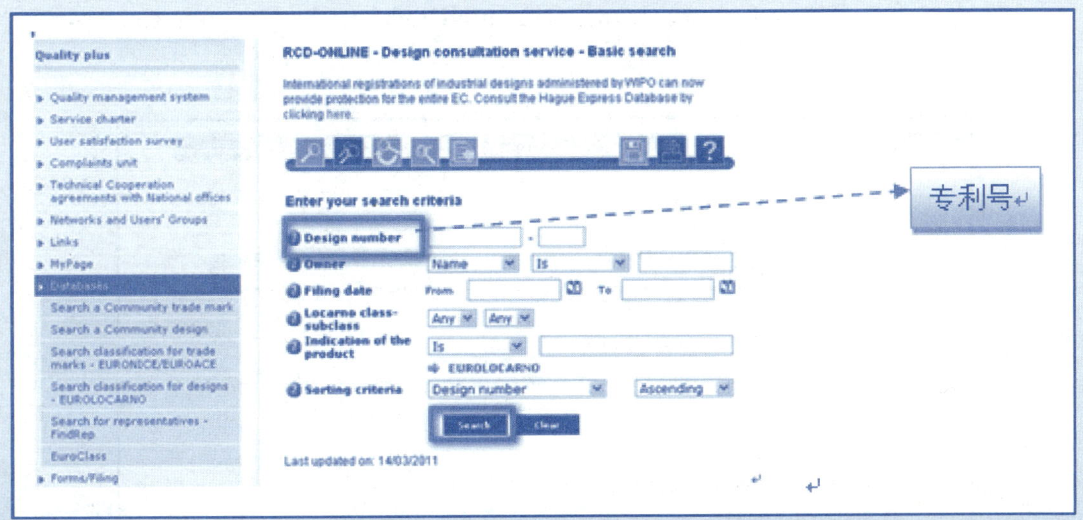

图 4－22　欧盟外观专利查询

5. 世界知识产权组织（WIPO）专利查询：http：//www. wipo. int/wipogold/en，见图 4－23。

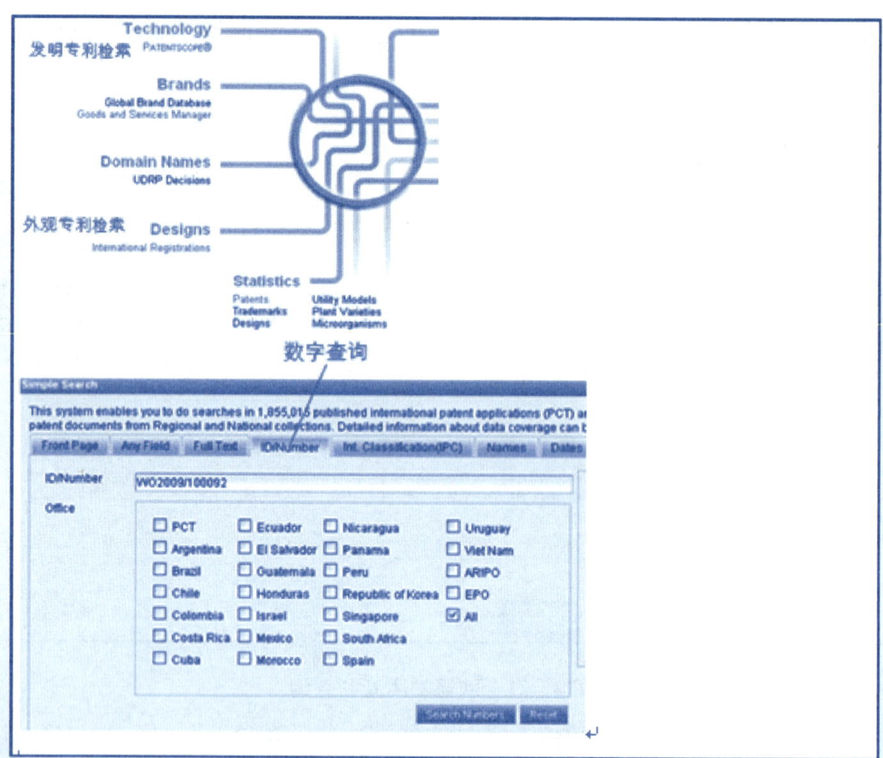

图 4-23　世界知识产权组织专利查询

6. 中国香港发明专利查询：http：//ipsearch. ipd. gov. hk/patent/main. jsp，见图 4-24。

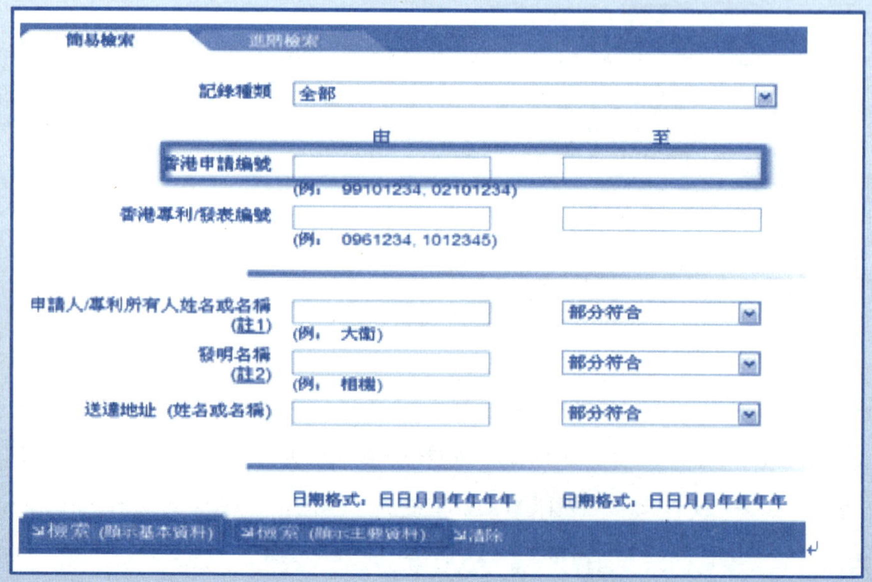

图 4-24　中国香港发明专利查询

7. 中国香港外观专利查询：http：//ipsearch. ipd. gov. hk/design/main. jsp，见图 4 - 25。

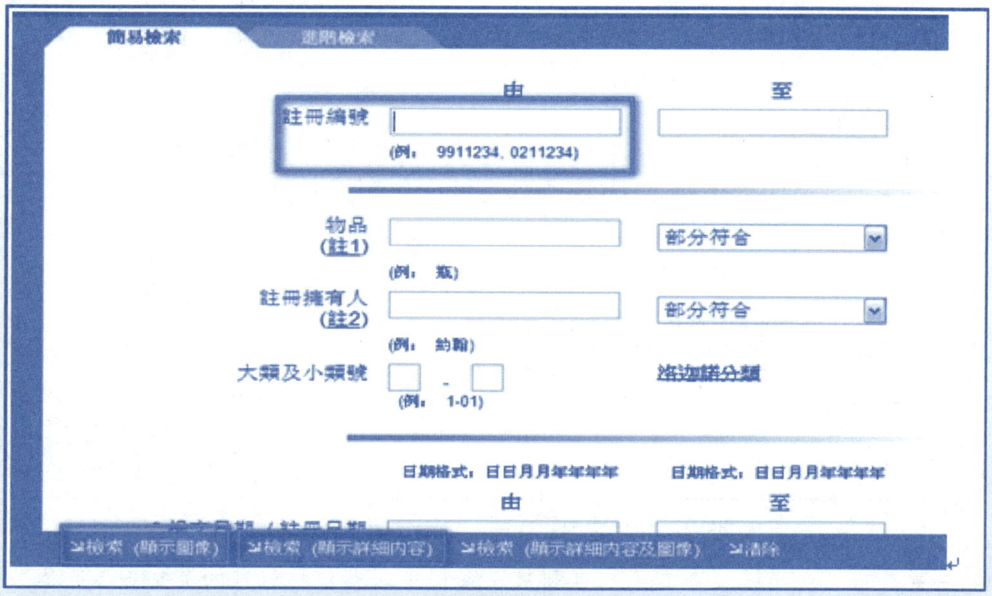

图 4 - 25　中国香港外观专利查询

8. 韩国发明和实用新型专利查询：http：//patent2. kipris. or. kr/pateng/searchLogina. do? next=GeneralSearch，见图 4 - 26。

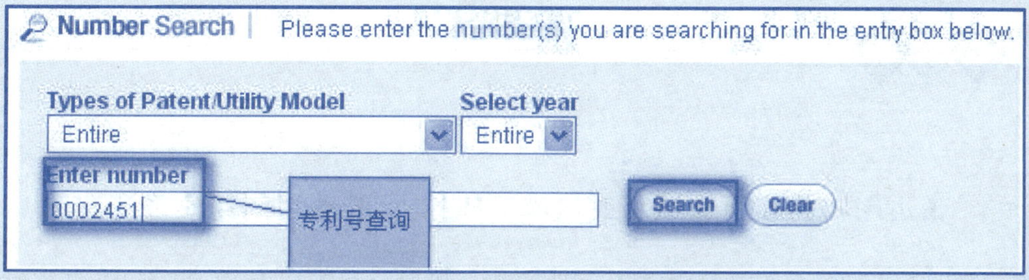

图 4 - 26　韩国发明和实用新型专利查询

9. 韩国外观设计专利查询：http：//detseng. kipris. or. kr/ndetsen/loin1000a. do? method=loginDG&searchType=S，见图 4 - 27。

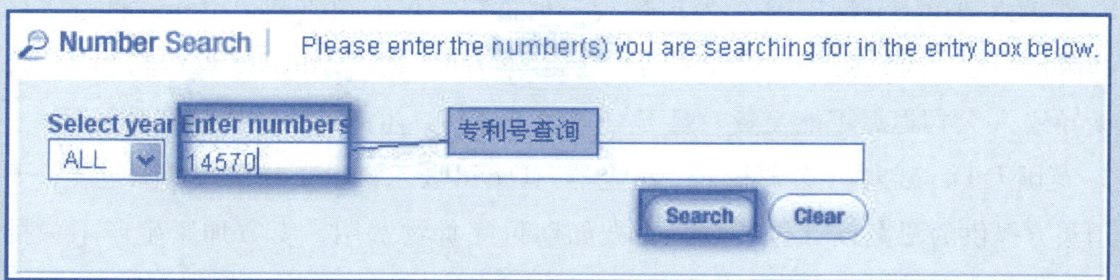

图 4 - 27　韩国外观设计专利查询

10. 德国、法国、日本等国家的专利查询：http://worldwide.espacenet.com/numberSearch?locale=en_EP，见图 4-28。

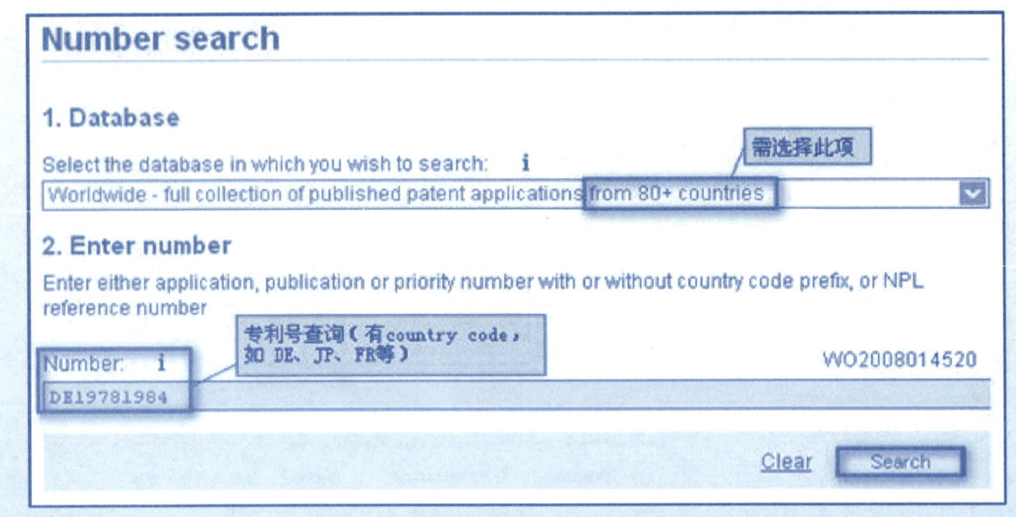

图 4-28 德国、法国、日本等国专利查询

注意：(1) 由此链接查询到的专利信息系相关国家专利信息的英文翻译版本。

(2) 专利编号前需要添加相关国家的国家代码（country code），如德国为 DE、美国为 US、法国为 FR、日本为 JP 等。

一、请运用相关知识和技巧解决以下纠纷，并画出纠纷处理流程图

1. 瑞士 Stefan 以 205 美元向 A 公司购买五台机器，并于 2016 年 11 月 13 日支付全部货款。双方约定运输方式为 EMS，A 公司承诺 2016 年 11 月 18 日之前到货。Stefan 在 2016 年 11 月 20 日向阿里巴巴投诉 A 公司收款不发货。

2. 美国人 Antonio 向中国 A 公司购买一批货物，A 公司告知 Antonio 自己库存的该种货物数量不够，同意从 B 公司处采购同样货物一起发送，Antonio 表示同意。B 公司生产缓慢导致 A 公司迟迟不能交货，且 B 公司偷工减料，生产的货物质量存在问题。

3. 英国人 David 向 A 公司订购一批瓷器，David 要求该批货物采用特殊包装，要求卖方采用买方提供的图案设计包装盒。买方如期付完货物费用，卖方加紧生产了一批包装盒。在发货前卖方要求买方付包装费用，而买方拒付，双方产生争议。

二、请说明以下案例中的差评应如何处理

一个买家在购买物品后留下如下评价：I suggest finding a better place to buy a ××××。客户之所以留下如此评价，是因为在该店铺里面买的产品有点小，所以客户在抱怨尺码小的同时留了上述评价。但卖家在产品描述中已经清楚地说明了尺寸，且提供了产品尺寸对比图。

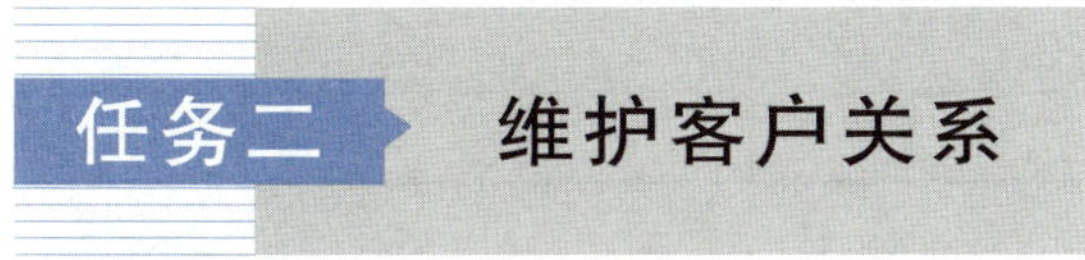

一、建立客户信息库

（一）收集客户信息

建立客户信息库是客户关系管理的第一步，首先需要找到客户信息收集的渠道。在速卖通后台上，我们可以通过订单批量导出所有成交的客户信息，收集的路径如图 4－29 所示。

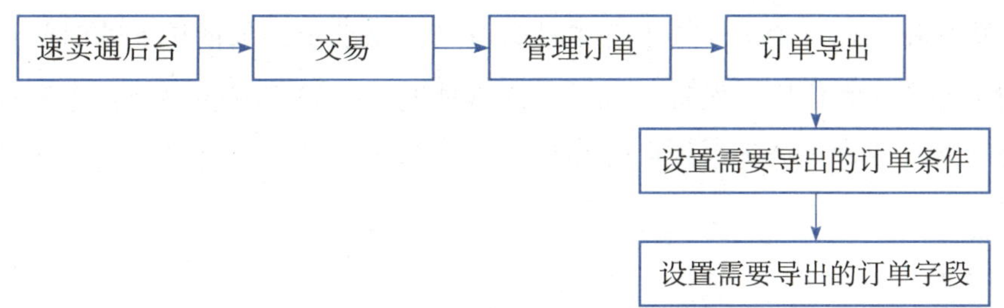

图 4－29 收集客户信息路径

收集客户信息时，需要注意的是，订单导出时段只支持 3 个月，若需要 3 个月以上的时间，需要分批导出。

订单批量导出后，我们可以利用 Excel 表格工具对客户进行整理，有针对性地筛选出客户信息，如买家名称、买家邮箱、订单金额、产品信息、收货地址、收货国家、联系电话、手机号、客户等级等，如表 4－8 所示。

表 4-8　客户信息统计表

买家名称	买家邮箱	订单金额	产品信息	收货地址	收货国家	联系电话	手机号	客户等级

（二）客户分类

与国内电商相比，跨境电商的客户关系管理更具挑战性，做好客户的分类工作是非常关键的步骤，分类的维度可根据自身店铺情况做好筛选的条件，处于成长期的卖家，分类的维度相对少一些，例如成交金额、成交次数等。处于成熟期的卖家可以设立多个维度，若有能力，可设立专业岗位或购买相应的软件，对零散的数据进行统筹分析。需要注意的是，我们要清楚地知道分析出来的数据用来做什么，基于需求所得的数据结果才能直接为我们所用。

1. 客户属性的分类方法

与传统贸易相比，每个客户拍下订单都会有其信息记录，包括拍下的时间点、联系方式、当时购买的产品和价格、发货方式等。通常情况下，需要按客户的社会属性、行为属性和价值属性对客户进行分类，把属性相似的客户归入一类，把自身产品和店铺定位根据客户做调整。

（1）社会属性。

社会属性不同主要是因为地理位置，地理位置是跨境电商与国内电商非常明显的区别，不同的国家拥有不同的文化背景和消费需求。订单批量导出后，我们以客户地址为基准，按照国家分类，可以直观地得出自身店铺的主要客户群体在哪里、地区分布情况如何。比如，销量较好的运动鞋，我们会发现来自美国的买家对产品评价非常高，而来自巴西的买家对产品评价并不理想，那么就可以究其原因，针对该产品进行调整，或是针对巴西买家在相应页面进行详细介绍。

(2) 行为属性。

每个买家的消费行为不尽相同，体现出的消费方式也不同。在经营过程中，我们发现大部分买家喜欢购买打折商品、喜欢免运费等，有的客户偏向选择高价的同类商品，有的客户会对快递方式有要求，有的客户容易给中差评或提纠纷。我们在客户维护过程中需要以不同的方式对待，选择高价的同类商品和对快递方式有要求的客户注重的是产品质量和服务的体验，这也是广大卖家所期望的。那些容易提中差评或纠纷的客户，建议不一定通过加入黑名单的方式保护自己，我们需要了解客户真正的需求点在哪里，以便我们为其他客户提供更愉快的购物体验，当然，对讹诈的买家则另当别论。

(3) 价值属性。

在交易平台上，有严谨的卖家等级，同时也规定了买家等级，买家等级制度是把买家的购买行为、成交金额，以及评价情况等综合起来，给每位客户做个标识。速卖通平台自2015年7月下旬开始，根据买家在365天内所获得的积分将买家划分为A0～A4这五个等级。A0代表新注册的用户，A1代表积分为1～100的买家，A2代表积分为100～500的买家，A3代表积分为500～2 000的买家，A4代表积分大于或等于2 000的买家，具体见表4-9。

表4-9 买家积分等级表

等级	积分<1	1≤积分<100	100≤积分<500	500≤积分<2 000	积分≥2 000
A0	√				
A1		√			
A2			√		
A3				√	
A4					√

买家可以通过以下三种渠道获得积分：

1）成交的订单每1美元得1分。

2）主动评价1次得1分。

3）有成功购买记录的天数，每1天得5分。

需要指出的是，买家能够获得积分的订单是指成交金额大于2美元的非异常订单。

我们对买家的积分等级有了充分认识后，就能很快给客户打上标签。

2. RFM模型的分类方法

客户分类是为了方便卖家对买家的管理，差异化对待客户，有针对性地向客户营销。在众多客户细分的模型中，RFM模型是在客户关系管理中被广泛运用的，也是非常直观简捷的工具，其主要思想是通过某个客户近期的购买行为、购买频率和消费金额三个指标来描述客户的价值状态。

（1）R（recency）：最近一次的消费，客户上一次在店铺成交的时间和成交的商品。理论上，客户购买的时间越近，对店铺的记忆程度越高，在这期间，如果卖家能够提供相应的引导和服务，买家也很可能回应，比起成交了1年的客户相对容易很多。

（2）F（frequency）：消费频率，即在单位时间内的消费次数。消费次数越多，说明客户的满意度越高，如果卖家始终保持优质的服务和产品，买家就容易产生黏性，对店铺的忠诚度也会越来越高。增加买家的购买次数意味着从竞争对手那里夺取市场份额。

（3）M（monetary）：消费金额，即单位时间内的消费总额与平均消费额的比值。当店铺成长到一定阶段后，有效的资源使得我们无法及时对所有的客户进行维护，店铺80%的利润往往来自20%的客户，花80%的精力去维护那20%的客户也可获得高收益。

RFM是关键词的首字母组合。RFM分段的数值基于每个店铺的情况设定，卖家可以针对自身店铺产品因地制宜，一般情况下划分3～5段，R值可以参考开店的时间、产品本身的特性和运输周期，F值可参考店铺的客户评价和购买频次，M值参考产品的单价，表4-10把店铺按照RFM分成5个等级、125（即5×5×5）个类别。

表4-10　　RFM分类法

分数	R	F	M
5	R≤90天	F≥5次	M≥1 000USD
4	90天<R≤180天	F=4次	500USD≤M<1 000USD
3	180天<R≤360天	F=3次	200USD≤M<500USD
2	360天<R≤720天	F=2次	100USD≤M<200USD
1	720天以上	F=1次	M<100USD

根据确定的RFM模型框架，我们可以针对每个客户对RMF值进行打分。通过RFM可以看出，得分最高的不一定意味着成交金额是最高的，得分最低的也并不意味着成交额一定是最低的。所以客户的价值不是单纯的成交金额的高低，RFM可以充分实现对每个客户的质量和价值进行衡量，筛选出优质的客户，为精细化营销提前做好准备。

二、维护客户关系

（一）新老客户购买流程分析

新客户一般通过关键词搜索、类目浏览或者付费广告进入店铺，入店后对产品的款式、细节、评价情况、价格折扣、店铺信誉等进行主观辨别。在这个过程中，如果哪一个不是自己中意的，可能就会退出店铺，俗称“跳失”。如果有用户感兴趣的产品，则加入购物车或收藏，比较咨询后下单购买，成交之后还可能会因为服务不到位，诸如物流等因素产生纠纷。

在店铺购买次数大于1次的客户被称为老客户或回头客，老客户会对店铺的产品质量和服务有客观的认识，如果有过良好的购物体验，当看到自己感兴趣的产品时，只是简单咨询或者直接拍下付款，他们更关注款式与店内活动。如果发生缺货或者物流问题，也相对容易解决，收到货之后会对产品更倾向于感性的评价，相应的纠纷提起率极少，而且非常乐意把自己购买的产品和经历分享到社交圈，并希望获得朋友们的认可。

老客户的潜在价值分析：

（1）降低营销成本，提高利润率。

（2）有效快捷地沟通，辅助优化产品。

（3）借助口碑的力量，建立品牌之路。

（二）客户维护工具[①]

电商平台都设置了比较系统完整的客户管理工具。

以阿里巴巴国际站为例，该跨境电商平台设置了“数据管家”栏目，在“知买家”一项里可获得店铺的“访客详情”，也可进行“访客营销”和“营销管理”。

1.“访客详情”功能

核心功能一：按天、按周展示来访旺铺或产品页面的所有访客；展示访客的地域信息、浏览量、停留总时长、TOP3来源搜索词、在卖家旺铺或产品上发生的关键行为、在Alibaba.com网站发生的关键行为；访客在卖家所选择的时间段内，访问的详细页面地址，以及在该页面上是否有反馈或TM咨询。

核心功能二：可对访客及相似访客发起批量营销，以账号为维度每天最多营销20个访客，每次最多5个。相似访客是指浏览行为、产品搜索词、偏好行业等跟当前的访客大概一致，每个访客的相似访客最多显示10个。

（1）浏览量、停留总时长、TOP3来源搜索词、旺铺行为、网站行为见图4-30和图4-31。

① 阿里巴巴国际站：http：//service.alibaba.com/hc/supplier/index.htm.

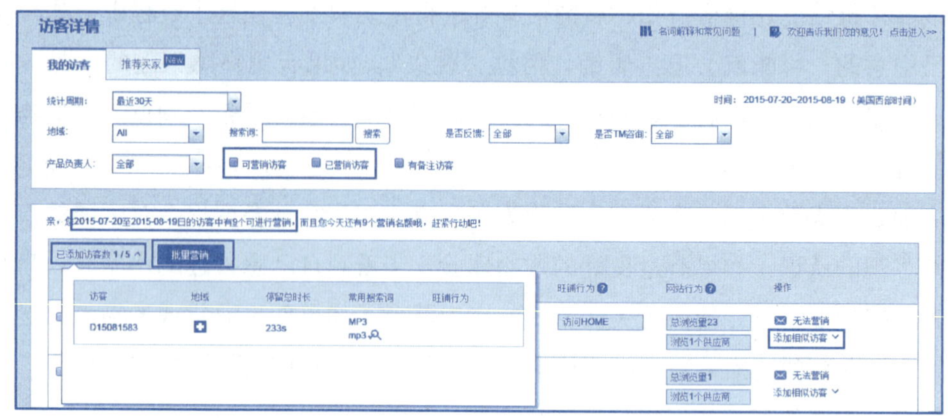

图 4-30 “访客详情”功能

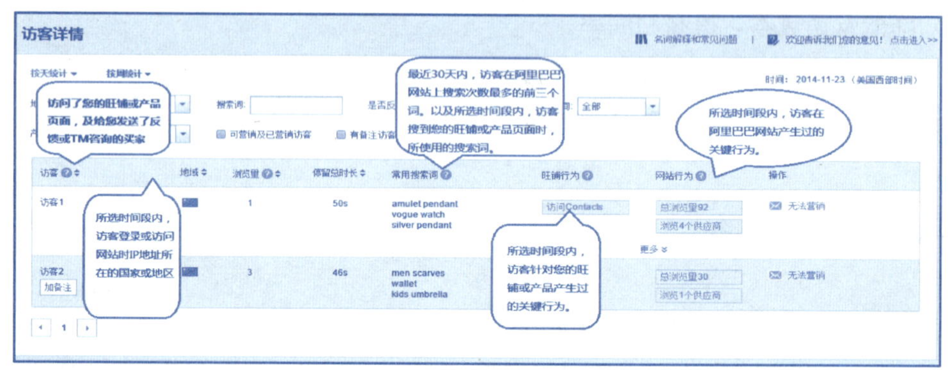

图 4-31 访客详情页面

通过以上行为，旺铺卖家可以比较方便地分析出一个访客对自己旺铺的哪些页面最感兴趣，并且根据访客的网站行为，判断他是不是一个很活跃、高质量的买家。

如果一个访客在网站上的行为很活跃，但在自己的旺铺上却没有什么访问记录，那可能有以下几种情况：旺铺产品不符合他的需求、旺铺产品即便是他想要的，但产品描述和旺铺装修都不够吸引他，也可能是价格或资质原因等，跟同行业竞争者相比，还需要改进和完善。

(2) 筛选旺铺卖家感兴趣的访客信息。

阿里巴巴国际站提供了按天、按周的访问数据，旺铺卖家可以通过时间筛选出最近 30 天的访客，以及上个月所有的访客信息。如果需要更及时地了解访客动向，需要每天查看最新的按天数据。在地域筛选中，可以看到旺铺卖家的所有访客所在的国家及大洲，卖家可以根据需要筛选对应地域的访客，有针对性地研究不同地域买家的需求和行为特征。筛选访客信息见图 4-32。

图 4－32　筛选访客信息

（3）反馈及 TM 咨询选择。

旺铺卖家可以根据需要筛选出所有对卖家有过反馈或 TM 咨询的买家，对他们进行分析，看这些联系了自己的买家都访问了旺铺的哪些页面。见图 4－33。

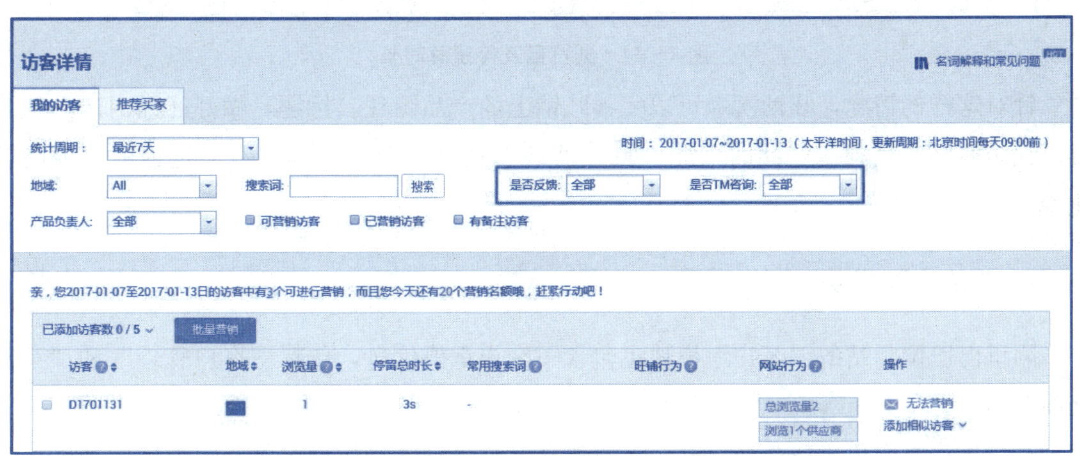

图 4－33　反馈及 TM 咨询选择

能够给旺铺卖家带来询盘的产品，说明做得不错，同时也可以继续完善，从价格、图片、描述等各方面来提高，进一步提高询盘后的转化和交易。

（4）浏览量及停留总时长。

卖家可以输入数值来选择一定范围内的浏览量和停留时长，具体见图 4－34。

如卖家筛选了浏览量在 1～5 的访客，停留时长选择的是 200～300。也就是说，卖家想关注这样一些访客，他们在旺铺内停留时间较长，但却没有访问几个页面。结合这些访客的访问明细可以发现，这些访客主要访问了卖家的旺铺首页，推断他们可能浏览了旺铺首页的所有产品，却没有找到他们感兴趣的，于是访客流失了。

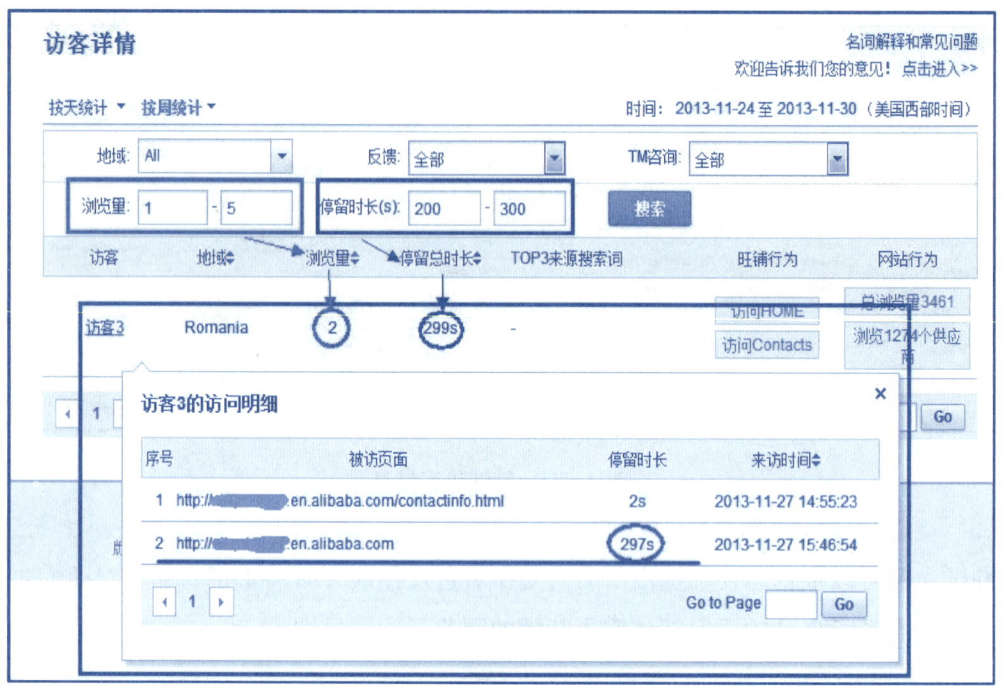

图 4-34　浏览量及停留总时长

针对这样的情况，旺铺卖家可以完善旺铺上的产品图片、标题，做好旺铺内产品的分类，让访客在首页浏览产品时，能一目了然地发现所需要的产品，在一定程度上提高转化率。

2. “客户”模块

阿里巴巴国际站的“客户”模块也包含了客户重要信息，包括“客户管理”和“买家档案”等。

该模块可对客户进行分类管理，重要信息可添加到联系记录备查；可按国家地区、邮箱、名字、生成时间等方式筛选、查询客户。

网站过来的询盘转化为客户后，若同一买家再发送询盘就会提示新增为意向，以此可方便辨别客户。

例如，一买家之前发过的询盘分到了某个账号下，下次同一买家发的询盘就会自动到该账号。

登录 My Alibaba 操作系统，从最上方的蓝色导航条——“外贸邮（询盘和客户）”进入“客户”模块，或者在“询盘管理中心”通过“我的客户”进入客户管理模块，见图 4-35和图 4-36。

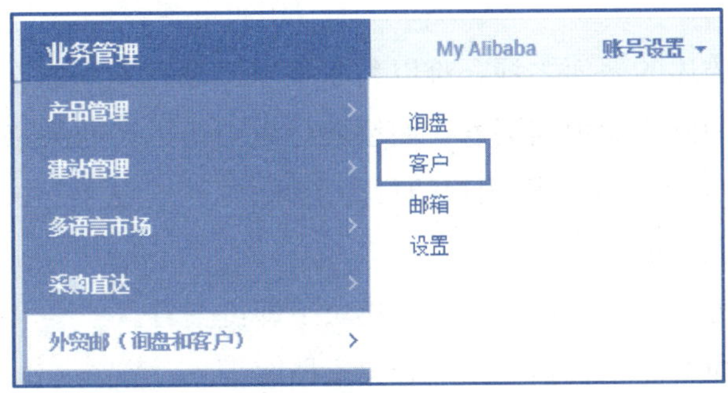

图 4－35　进入客户模块 1

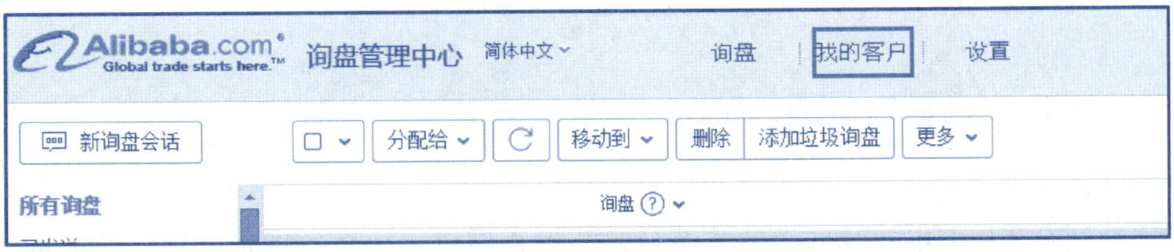

图 4－36　进入客户模块 2

（1）添加客户。

如果收到新客户的询盘，在“My Alibaba”—“商机管理中心（询盘）”—“询盘管理中心详细页面”的左侧添加客户，如图 4－37 所示。

图 4－37　添加客户

如果是通过 TradeManager 联系的，且该客户是国际站会员，可以通过“商机管理中心（询盘）”—“客户”—“导入”—“导入 TradeManager 联系人”导入买家的信息。

在商机管理中心（询盘）的客户页面点击“添加新客户”—“添加一个新客户”添加单个客户信息。如图 4－38 所示。

图 4－38　添加客户

(2) 买家档案。

供应商仅凭询盘描述的一面之词，难以判断买家质量；而买家在 Alibaba 网站留下的使用痕迹，恰恰能辅助供应商识别买家，如垃圾行为、新买家老买家、行业匹配度等。买家档案统计的是最近 90 天内的活跃用户的行为指标。

买家档案显示位置如下：

(1) 当询盘转化为客户后，在“客户”模块下即可查看。

(2) 询盘详情页面右侧，也会显示部分买家档案。

(3) 如果外贸邮为注册邮箱时，在邮详情页面会显示。

(4) TradeManager 聊天页面右侧也会显示买家档案。

(三) 客户维护技巧

卖家看到有客户下单的时候会欣喜万分，并耐心催付、认真备货和发货。当交易完成时，就感觉如释重负。事实上，每次交易的完成并不意味着沟通的结束，而是下次交易的开始。客户满意度来自每次客户交易，每次交易也可能改变客户的满意度，持续的满意度累积能够增加客户对店铺的信赖，有一次不好的体验足以让之前的满意功亏一篑。如何使新客户变成老客户、老客户变成重要客户呢？我们需要从客户拍下订单开始就给客户留下美好的印象。

1. 客户收到货前的维护技巧

(1) 成交致谢。客户的成交是对卖家信任的开始，一封简单的感谢模板是买家对信任的呵护。(参照成交致谢模板)

(2) 赠送礼品。礼品可以是邮票、挂件、贺卡、剪纸等重量比较轻的东西。当客户收到货时，能让客户感受到卖家的心意，从而迅速提升买家对卖家的好感。

(3) 发货通知。每笔订单发货后，需要及时做好发货通知（参照发货通知模板），关注包裹状态，如果遇到航线拥堵，应及时帮助客户延长收货日期。

(4) 节假日问候。关注客户所在国家的节假日情况，有针对性地发送问候。

(5) 在客户没有收到货物之前，加深客户对我们的印象，同时奠定感情基础，如果因不可抗力引起包裹丢失，通常能取得客户的理解。

以上都是客人在未收到货之前卖家能做的维护，让客户感受到卖家的服务态度，降低纠纷率和中差评率。

2. 客户收到货后的维护技巧

客户收到货之后的维护也可以手段多样，维护手段越多，给店铺带来的效益就越明显。

(1) 好评奖励。当客户确认收货时，对产品有了真实的感受，对前期的服务也印象深刻，买家是非常乐意对自己的购物体验做出满意评价的。卖家可以给买家发放优惠券、满立减、特别折扣等表示感谢与奖励，这将会立刻刺激客户再次消费。

(2) 分享有礼是对好评奖励的延伸。卖家在做分享有礼时，建议加入客户的社交圈，获得更深层次的交流互动。

(3) 上新通知。通过客户历史营销工具通知客户，或者通过站内信、EDM 营销，以及发放优惠券或特有的折扣力度，快速实现新品破冰。

(4) 客户专享日。前面的几个点是很多卖家经常能关注到的，如果一味进行商品折扣或上新通知，买家容易疲劳，反而会弄巧成拙。在完成一次交易后，可分成几个时间节点，设定客户专享日注入情感关怀，会更容易被客户所接受。

(5) 关联推荐。卖家根据买家购买的商品推荐相似产品。关联产品推荐包括纵向推荐和横向推荐，比如买家买了一套假发，推荐假发用的一把梳子，这就是纵向推荐；如果买家买了一套直发假发，然后向客户推荐卷曲的假发，这就是横向推荐。

(6) 促销通知。如果店铺需要做一次年中大促，须提前两天将活动告知老客户，将可能实现产品销量的大幅上升。

(7) 注意客户维护频率。根据人的记忆周期规律，可抓住 1、2、4、7、15 这些时间节点，结合与客户接触的事件进行维护。比如，当客户拍下订单后，第一天发出致谢和关联产品推荐，第二天告知货物状态及定向优惠券，第四天告知货物照片及店铺活动，第七天告知物流状态及优惠券使用提醒，第十五天更新物流状态及节假日问候。

实战演练

一、请设计一份客户信息库表格。

二、根据表 4 - 11，设计一份客户关系维护方案。

表 4 - 11　　客户关系维护表

客户等级	交易历史	客户关系维护方式	竞争对手营销方式
1 级			
2 级			
3 级			
4 级			
……			

项目学习成果评价

一、课堂表现评价

重点考查学生到课情况、回答问题情况、小组合作情况。将全班同学分成若干小组来组织教学，每个小组需要设计队名，每次课在黑板上画出下表。每次课都有评价，评价内容包括：只要本组同学回答问题并回答正确，就给全组加分，每组同一个人不能连续回答问题，必须换人回答才能给本组加分，如果回答错误，其他小组可以回答；小组讨论表现最好的（一组）和较好的（两组）加分；当堂课小组全勤的加分；每项分值由教师指定，每次课堂结束后由学习委员在分数记录册上进行记录，最终形成该小组分数。

课堂表现评价表

小组	回答或解决问题	小组讨论表现	小组全勤	合计
小组一				
小组二				
小组三				
小组四				
小组五				
小组六				
小组七				
小组八				
小组九				
小组十				

二、任务实战演练评价

重点考查学生每个实战演练任务能否按时全面完成、完成质量如何、是否提交可视化学习成果，任务实战演练的评价将作为项目学习成果评价的重要内容。

任务实战演练评价量表

评价标准	完全符合（90～100 分）	基本符合（70～89 分）	基本不符合（60～69 分）	完全不符合（59 分及以下）
任务全面完成，步骤无遗漏				
任务成果装订整齐、排版规范、无错别字				
任务完成步骤正确、逻辑清晰				
按时上交任务可视化成果（文档、照片、视频等）				
方案可实际操作				
演示陈述思路清晰、有条理				
符合法律与平台政策				
符合道德伦理要求				
成本较低				
有创新				
合　　计				

三、项目学习成果评价

项目学习成果评价汇总表分数将作为学生项目学习成果得分，每个小组完成项目学习的可视化学习成果将会存档。

项目学习成果评价汇总表

小组	任务一	任务二	任务三	课堂表现	总评
小组一					
小组二					
小组三					
小组四					
小组五					
小组六					
小组七					
小组八					
小组九					
小组十					

项目五

跨境电商 B2B 平台店铺的客户服务

任务一 老客户订单的客户服务

教学安排见表 5-1。

表 5-1 **老客户订单客户服务的教学安排表**

老客户订单的客户服务	学时：3
学习目标	(1) 分析客户购买心理及购买意图。 (2) 解决客户产品争议。 (3) 解决客户物流争议。 (4) 使用多种沟通工具联系客户。 (5) 归纳增强客户黏性的技巧。 (6) 创建客户关系维护记录表
学习性工作任务	(1) 收集有关老客户订单客户服务的信息资料。 (2) 讨论有关老客户订单客户服务的任务和方法。 (3) 制订老客户订单客户服务方案。 (4) 根据方案提供客户服务。 (5) 检查客户服务的各项任务是否符合实际工作要求。 (6) 根据收集到的信息评估方案的实施，进行小组讨论总结
教师教学知识与能力要求	能够准确分析客户心理，能够通过各种方式深入了解客户，与客户互动，能够妥善解决产品、物流等售后问题，提高客户满意度，具有较强的教学组织能力与管理能力
学生知识与能力储备	具备网络基础知识和计算机操作能力，具备收集资料和分析判断能力，具备英语写作能力
教学材料	《跨境电商客服》教材、学习项目授课教案、任务单、评价表
使用工具	接入互联网的计算机、即时通信软件、翻译软件等

步骤	工作过程	教学方法与建议	学时
(1) 资讯	教师下发来自企业的老客户订单客户服务任务书给学习小组，描述学习目标与任务要求，讲解相关知识；学生分组进行有关任务资料的收集与整理	讲授法 案例法	0.5
(2) 计划与决策	各小组学生进行人员分工，制订工作计划，列出老客户订单客户服务的主要工作内容与措施并确定最优方案；教师审核各小组的工作计划，引导学生确定最终方案	小组讨论法 引导法 讲授法	0.5
(3) 实施	各小组学生在教师的指导下，按照任务要求进行客户购买行为分析、客户售后问题解决、客户关系维护记录表的创建等	引导法 角色扮演法	1
(4) 检查与评估	学生汇报本次任务完成的计划与实施过程，回答指导教师、企业专家、学生的提问，将本小组实施方案与任务要求进行对比，指导教师、企业专家、学生对本次工作任务的整个实施过程进行评价。 ☆ 小组自评：学生对自己小组的整个实施过程进行评价。 ☆ 组间互评：各小组分别对其他小组的工作结果进行评价并提出建议。 ☆ 教师评价：教师对互评结果进行评价，结合实施过程和结果情况，指出每个小组成员的优缺点，并提出改进建议。 ☆ 企业专家：企业专家是任务的提供方，从学生工作方案实施的质量与创新性等方面进行分析，并提出改进建议，对于实施质量达到要求的作品由企业采纳，企业采纳的方案成绩为满分	讨论法 多媒体演示法	1

任务实施（见表 5-2 和表 5-3）及学习成果评价（见表 5-4）。

表 5-2　老客户订单客户服务任务单

项目编号及名称：	任务编号及名称：　　　　参考课时：3
任务描述	老客户订单的客户服务是跨境电商 B2B 平台店铺客服人员的重要工作任务之一，通过客户关系维护工作，引导客户二次下单，进而形成稳定的客户源，对于跨境电商企业来说至关重要。具体任务为：分析客户的购买心理和购买意图、解决客户售后问题、创建客户关系维护记录表
任务要求	**真实任务：** 分析企业提供的老客户订单案例，并制订客户服务方案。 (1) 收集老客户订单的信息资料，包括客户信息、商务习惯等。 (2) 讨论老客户订单的方法及流程。 (3) 作业形式：老客户订单客户服务方案。 (4) 作业内容：客户购买行为分析、常见售后问题解决办法、客户关系维护记录表。 (5) 小组自评及组间互评，写出小组结论。 (6) 接受指导教师和企业专家的评价

表 5-3　　工作计划及实施记录表

<table>
<tr><td colspan="2">项目编号及名称：</td><td colspan="2">任务编号及名称：　　参考课时：</td></tr>
<tr><td colspan="2">团队名称：</td><td colspan="2">团队成员：</td></tr>
<tr><td colspan="2">工作计划</td><td>负责人</td><td>完成时间</td></tr>
<tr><td colspan="2">按流程依次列出工作内容：
(1)
(2)
(3)
(4)
(5)
(6)
(7)
(8)</td><td></td><td></td></tr>
<tr><td colspan="4">实施过程记录：(问题、收获……)</td></tr>
</table>

表 5-4　　学习成果评价表

序号	指标/标准	注释	指导教师评分	学生互评	结果
	可操作性				
(1)	客户购买行为分析是否准确				
(2)	客户心理分析是否准确				
(3)	售后跟踪时机把握是否准确				
(4)	是否妥善解决客户异议				
(5)	是否通过即时通信软件与客户进行及时、深入的沟通				
(6)	是否使用翻译工具				
(7)	英语及小语种的翻译结果是否通顺				
(8)	是否给出了具体的实施步骤与内容				
	方案的完整性				
(9)	对于可能出现的情况是否考虑周全				
(10)	整个售后问题处理过程是否有关联性和逻辑性				
(11)	是否考虑到后续的客户关系管理工作				
	工作态度				
(12)	与小语种客户沟通过程中是否有耐心				

续前表

序号	指标/标准	注释	指导教师评分	学生互评	结果
(13)	处理售后问题过程是否有耐心				
(14)	是否和团队成员进行了有效的沟通与协调				
	客户体验				
(15)	沟通过程是否有误解				
(16)	售后问题处理方式是否令客户满意				
	创新性				
(17)	是否使用了最前沿的沟通和翻译工具				
(18)	是否从与众不同的角度处理语言不通的问题				
(19)	是否运用了新颖的思路进行客户关系维护				
(20)	方案是否考虑到细节问题				

任务二　新客户潜在订单的客户服务

教学安排见表 5－5。

表 5－5　　新客户潜在订单客户服务的教学安排表

新客户潜在订单的客户服务	学时：3
学习目标	(1) 列举客户询盘类型。 (2) 分析客户发送询盘原因。 (3) 辨别可疑询盘。 (4) 举例说明询盘回复的语言技巧。 (5) 归纳询盘回复技巧。 (6) 运用通信工具和翻译工具
学习性工作任务	(1) 收集有关潜在订单客户服务的信息资料。 (2) 讨论有关潜在订单客户服务的任务和方法。 (3) 制订潜在订单客户服务方案。 (4) 根据方案处理询盘。 (5) 检查客户服务的各项任务是否符合实际工作要求。 (6) 根据收集到的信息评估方案的实施，进行小组讨论总结
教师教学知识与能力要求	能够熟练使用各种通信软件及翻译工具，能够针对询盘特点进行回复，具有较强的教学组织能力与管理能力
学生知识与能力储备	具备网络基础知识和计算机操作能力，具备收集资料和分析判断能力，具备英语写作能力
教学材料	《跨境电商客服》教材、学习项目授课教案、任务单、评价表
使用工具	接入互联网的计算机、即时通信软件、翻译软件等

步骤	工作过程	教学方法与建议	学时
(1) 资讯	教师下发来自企业的潜在订单客户服务任务书给学习小组，描述学习目标与任务要求，讲解相关知识；学生分组进行有关任务资料的收集与整理	讲授法 案例法	0.5
(2) 计划与决策	各小组学生进行人员分工，制订工作计划，列出潜在订单客户服务的主要工作内容与措施并确定最优方案；教师审核各小组的工作计划，引导学生确定最终方案	小组讨论法 引导法 讲授法	0.5
(3) 实施	各小组学生在教师的指导下，按照任务要求进行邮箱设置、分析询盘、回复询盘等	引导法 角色扮演法	1
(4) 检查与评估	学生汇报本次任务完成的计划与实施过程，回答指导教师、企业专家、学生的提问，将本小组实施方案与任务要求进行对比，指导教师、企业专家、学生对本次工作任务的整个实施过程进行评价。 ☆ 小组自评：学生对自己小组的整个实施过程进行评价。 ☆ 组间互评：各小组分别对其他小组的工作结果进行评价并提出建议。 ☆ 教师评价：教师对互评结果进行评价，结合实施过程和结果情况，指出每个小组成员的优缺点，并提出改进建议。 ☆ 企业专家：企业专家是任务的提供方，从学生工作方案实施的质量与创新性等方面进行分析，并提出改进建议，对于实施质量达到要求的作品由企业采纳，企业采纳的方案成绩为满分	讨论法 多媒体演示法	1

任务实施（见表 5－6 和表 5－7）及学习成果评价（见表 5－8）。

表 5－6　潜在订单客户服务任务单

项目编号及名称：	任务编号及名称： 参考课时：3
任务描述	潜在订单的客户服务是跨境电商 B2B 平台店铺客服人员的主要工作任务之一，是跨境电商交易流程的重要步骤，具体任务描述如下：分析客户发送询盘的原因、辨别可疑询盘、运用技巧回复询盘、运用辅助工具确保沟通流畅性、维护客户关系
任务要求	真实任务： 分析企业提供的英语及小语种询盘案例，并制订客户服务方案。 (1) 收集询盘处理的信息资料，包括客户信息、商务习惯等。 (2) 讨论询盘处理的方法及流程。 (3) 作业形式：潜在订单客户服务方案。 (4) 作业内容：询盘分析、客户分析、询盘回复、处理过程及技巧、辅助工具的使用等。 (5) 小组自评及组间互评，写出小组结论。 (6) 接受指导教师和企业专家的评价

表 5-7　**工作计划及实施记录表**

<table>
<tr><td colspan="3">项目编号及名称：　　　　任务编号及名称：　　　　参考课时：</td></tr>
<tr><td colspan="3">团队名称：　　　　团队成员：</td></tr>
<tr><td>工作计划</td><td>负责人</td><td>完成时间</td></tr>
<tr><td>按流程依次列出工作内容：
(1)
(2)
(3)
(4)
(5)
(6)
(7)
(8)</td><td></td><td></td></tr>
<tr><td colspan="3">实施过程记录：（问题、收获……）</td></tr>
</table>

表 5-8　**学习成果评价表**

序号	指标/标准	注释	指导教师评分	学生互评	结果
	可操作性				
(1)	询盘分析是否准确				
(2)	客户特点分析是否准确				
(3)	询盘回复时机把握是否准确				
(4)	是否对工作邮箱进行有效设置				
(5)	是否通过即时通信软件与客户进行及时、深入的沟通				
(6)	是否使用翻译工具				
(7)	英语及小语种的翻译结果是否通顺				
(8)	是否给出了具体的实施步骤与内容				
	方案的完整性				
(9)	对于可能出现的情况是否考虑周全				
(10)	整个询盘处理过程是否有关联性和逻辑性				
(11)	是否考虑到后续的客户关系管理工作				
	工作态度				
(12)	处理小语种询盘过程中是否有耐心				

续前表

序号	指标/标准	注释	指导教师评分	学生互评	结果
(13)	询盘回复是否积极				
(14)	是否和团队成员进行了有效的沟通与协调				
	客户体验				
(15)	沟通过程是否有误解				
(16)	询盘回复邮件是否符合客户商务沟通特点				
	创新性				
(17)	是否使用了最前沿的沟通和翻译工具				
(18)	是否从与众不同的角度处理语言不通的问题				
(19)	是否运用了新颖的思路进行客户关系维护				
(20)	方案是否考虑到细节问题				

项目六

跨境电商B2C平台店铺的客户服务

任务一 正常订单的客户服务

教学安排见表6-1。

表6-1 正常订单客户服务的教学安排表

正常订单的客户服务	学时：3
学习目标	(1) 使用翻译工具。 (2) 学会辨识、分类、评估和引用网络资源。 (3) 举例说明某一行业跨境电商客户常见问题。 (4) 概括某一国家跨境电商物流、关税情况。 (5) 描述不同国家客户的交际风格
学习性工作任务	(1) 收集有关正常订单客户服务的信息资料。 (2) 讨论有关正常订单客户服务的任务和方法。 (3) 制订正常订单客户服务实施方案。 (4) 根据方案实施正常订单客户服务。 (5) 检查正常订单客户服务的各项任务是否符合实际工作要求。 (6) 根据收集到的信息评估方案的实施，进行小组讨论总结
教师教学知识与能力要求	能够熟练阐述我国跨境电商主要目标客户所在国家的物流及关税概况，能够使用翻译工具辅助小语种沟通，具有较强的跨文化沟通能力、教学组织能力与管理能力
学生知识与能力储备	具备网络基础知识和计算机操作能力，具备收集资料和分析判断能力，具备英语写作能力和跨文化沟通意识
教学材料	《跨境电商客服》教材、学习项目授课教案、任务单、评价表
使用工具	接入互联网的计算机、翻译软件等

步骤	工作过程	教学方法与建议	学时
(1) 资讯	教师下发来自企业的正常订单客户服务任务书给学习小组，描述学习目标与任务要求，讲解相关知识；学生分组进行有关任务资料的收集与整理	讲授法 案例法	0.5
(2) 计划与决策	各小组学生进行人员分工，制订工作计划，列出正常订单客户服务的主要工作内容与措施并确定最优方案；教师审核各小组的工作计划，引导学生确定最终方案	小组讨论法 引导法 讲授法	0.5
(3) 实施	各小组学生在教师的指导下，按照任务要求进行行业、产品相关的常见问题调查和跨境电商主流市场国家的物流、关税特点调查及相关国家交际风格调查等	引导法 角色扮演法	1
(4) 检查与评估	学生汇报本次任务完成的计划与实施过程，回答指导教师、企业专家、学生的提问，将本小组实施方案与任务要求进行对比，指导教师、企业专家、学生对本次工作任务的整个实施过程进行评价。 ☆ 小组自评：学生对自己小组的整个实施过程进行评价。 ☆ 组间互评：各小组分别对其他小组的工作结果进行评价并提出建议。 ☆ 教师评价：教师对互评结果进行评价，结合实施过程和结果情况，指出每个小组成员的优缺点，并提出改进建议。 ☆ 企业专家：企业专家是任务的提供方，从学生工作方案实施的质量与创新性等方面进行分析，并提出改进建议，对于实施质量达到要求的作品由企业采纳，企业采纳的方案成绩为满分	讨论法 多媒体演示法	1

任务实施（见表6-2和表6-3）及学习成果评价（见表6-4）。

表6-2　　正常订单客户服务任务单

项目编号及名称：	任务编号及名称：　　　　参考课时：3
任务描述	正常订单客户服务是跨境电商B2C平台店铺客服人员的主要工作任务之一，包括接待客户咨询、促进销售、引导评价等，其核心任务是接待客户咨询，具体任务描述如下：通过搜索引擎、问卷、访谈等方式调查某一行业或产品的海外客户常见问题及客户交际风格，总结常见问题；借助翻译工具分析案例
任务要求	**真实任务：** 分析企业提供的英语及小语种客户咨询案例，并制订客户服务方案。 (1) 收集产品、客户、物流相关的信息资料，包括产品信息、客户交际风格、目标国家物流及关税特点等。 (2) 讨论咨询接待的方法及技巧。 (3) 作业形式：正常订单客户服务方案。 (4) 作业内容：案例分析，包括产品特点、客户交际风格、相关国家物流特点、英语及小语种翻译技巧等。 (5) 小组自评及组间互评，写出小组结论。 (6) 接受指导教师和企业专家的评价

表6-3　工作计划及实施记录表

项目编号及名称	任务编号及名称：	参考课时：
团队名称：	团队成员：	
工作计划	负责人	完成时间
按流程依次列出工作内容： (1) (2) (3) (4) (5) (6) (7) (8)		
实施过程记录：（问题、收获……）		

表6-4　学习成果评价表

序号	指标/标准	注释	指导教师评分	学生互评	结果
	可操作性				
(1)	行业、产品特点分析是否准确				
(2)	客户交际风格分析是否准确				
(3)	相关国家物流及关税特点分析是否准确				
(4)	是否使用翻译软件				
(5)	翻译结果是否准确无误				
(6)	是否利用跨文化沟通技巧				
(7)	是否针对客户特点进行回复				
(8)	是否给出了具体的实施步骤与内容				
	方案的完整性				
(9)	对于可能出现的情况是否考虑周全				
(10)	整个咨询接待过程是否有关联性和逻辑性				
(11)	是否考虑到后续的客户关系管理工作				
	工作态度				
(12)	接待客户咨询过程是否有耐心				
(13)	小语种翻译过程中是否积极、细心				

续前表

序号	指标/标准	注释	指导教师评分	学生互评	结果
(14)	是否和团队成员进行了有效的沟通与协调				
	客户体验				
(15)	沟通风格是否符合客户特点				
(16)	是否妥善解决了客户提出的问题				
	创新性				
(17)	是否使用了最前沿的翻译工具及手段				
(18)	是否使用了与众不同的翻译技巧				
(19)	是否运用了新颖的语言技巧				
(20)	方案是否考虑到细节问题				

任务二 异常订单的客户服务

教学安排见表 6-5。

表 6-5　异常订单客户服务的教学安排表

异常订单的客户服务	学时：3
学习目标	(1) 运用跨境电商平台规则处理异常订单。 (2) 针对客户产品投诉制订解决方案。 (3) 针对客户物流投诉制订解决方案。 (4) 概括某一国家跨境电商物流、关税情况。 (5) 描述不同国家客户的交际风格
学习性工作任务	(1) 收集有关异常订单客户服务的信息资料。 (2) 讨论有关异常订单客户服务的任务和方法。 (3) 制订异常订单客户服务实施方案。 (4) 根据方案实施异常订单客户服务。 (5) 检查异常订单客户服务的各项任务是否符合实际工作要求。 (6) 根据收集到的信息评估方案的实施，进行小组讨论总结
教师教学知识与能力要求	能够阐述我国跨境电商主要目标客户所在国家的物流及关税概况，能够使用翻译工具辅助小语种沟通，具有较强的跨文化沟通能力、教学组织能力与管理能力
学生知识与能力储备	具备网络基础知识和计算机操作能力，具备收集资料和分析判断能力，具备英语写作能力和跨文化沟通意识
教学材料	《跨境电商客服》教材、学习项目授课教案、任务单、评价表
使用工具	接入互联网的计算机、翻译软件等

步骤	工作过程	教学方法与建议	学时
（1）资讯	教师下发来自企业的异常订单客户服务任务书给学习小组，描述学习目标与任务要求，讲解相关知识；学生分组进行有关任务资料的收集与整理	讲授法 案例法	0.5
（2）计划与决策	各小组学生进行人员分工，制订工作计划，列出异常订单客户服务的主要工作内容与措施并确定最优方案；教师审核各小组的工作计划，引导学生确定最终方案	小组讨论法 引导法 讲授法	0.5
（3）实施	各小组学生在教师的指导下，按照任务要求解决跨境电商平台客户的产品投诉和物流投诉等	引导法 角色扮演法	1
（4）检查与评估	学生汇报本次任务完成的计划与实施过程，回答指导教师、企业专家、学生的提问，将本小组实施方案与任务要求进行对比，指导教师、企业专家、学生对本次工作任务的整个实施过程进行评价。 ☆ 小组自评：学生对自己小组的整个实施过程进行评价。 ☆ 组间互评：各小组分别对其他小组的工作结果进行评价并提出建议。 ☆ 教师评价：教师对互评结果进行评价，结合实施过程和结果情况，指出每个小组成员的优缺点，并提出改进建议。 ☆ 企业专家：企业专家是任务的提供方，从学生工作方案实施的质量与创新性等方面进行分析，并提出改进建议，对于实施质量达到要求的作品由企业采纳，企业采纳的方案成绩为满分	讨论法 多媒体演示法	1

任务实施（见表 6－6 和表 6－7）及学习成果评价（见表 6－8）。

表 6－6　　异常订单客户服务任务单

项目编号及名称：	任务编号及名称：　　　　参考课时：3
任务描述	异常订单客户服务是跨境电商 B2C 平台店铺客服人员面临的难度较大的工作任务之一。由于跨境电子商务交易的特点，常见的跨境电商订单的异常主要来自产品问题以及物流问题等。具体任务描述如下：运用平台规则，借助翻译工具，针对客户沟通习惯及其他特点，解决客户关于产品和物流的投诉问题
任务要求	**真实任务：** 分析企业提供的异常订单客户服务案例，并制订客户服务方案。 （1）收集产品、客户、物流相关的信息资料，包括产品信息、客户交际风格、目标国家物流及关税特点等。 （2）讨论异常订单客户服务的方法及技巧。 （3）作业形式：异常订单客户服务方案。 （4）作业内容：案例分析，包括客户特点、客户交际风格、产品特点、相关国家物流特点、客户投诉解决过程中的语言技巧、英语及小语种翻译技巧等。 （5）小组自评及组间互评，写出小组结论。 （6）接受指导教师和企业专家的评价

表 6-7　　工作计划及实施记录表

项目编号及名称：	任务编号及名称：	参考课时：
团队名称：	团队成员：	
工作计划	负责人	完成时间
按流程依次列出工作内容： (1) (2) (3) (4) (5) (6) (7) (8)		
实施过程记录：(问题、收获……)		

表 6-8　　学习成果评价表

序号	指标/标准	注释	指导教师评分	学生互评	结果
	可操作性				
(1)	行业、产品特点分析是否准确				
(2)	客户交际风格分析是否准确				
(3)	相关国家物流及关税特点分析是否准确				
(4)	是否使用翻译软件				
(5)	翻译结果是否准确无误				
(6)	是否利用跨文化沟通技巧				
(7)	是否针对客户特点进行沟通				
(8)	是否给出了具体的实施步骤与内容				
	方案的完整性				
(9)	对于可能出现的情况是否考虑周全				
(10)	整个异常订单处理过程是否有关联性和逻辑性				
(11)	是否考虑到后续的客户关系管理工作				
	工作态度				
(12)	解决客户投诉过程是否有耐心				
(13)	小语种翻译过程中是否积极、细心				

续前表

序号	指标/标准	注释	指导教师评分	学生互评	结果
(14)	是否和团队成员进行了有效的沟通与协调				
	客户体验				
(15)	沟通风格是否符合客户特点				
(16)	是否妥善解决客户提出的问题				
	创新性				
(17)	是否使用了最前沿的翻译工具及手段				
(18)	是否使用了与众不同的翻译技巧				
(19)	是否运用了新颖的语言技巧				
(20)	方案是否考虑到细节问题				

参考文献

[1] 阿里巴巴（中国）网络技术有限公司．从 0 开始——跨境电商实训教程 [M]. 北京：电子工业出版社，2016.

[2] 薄如驄．小小开发信订单滚滚来 [M]. 北京：中国海关出版社，2008.

[3] 陈江生，唐克胜，宁顺青．跨境电商客服与管理 [M]. 北京：中国商务出版社，2017.

[4] 陈念祥，张思羽．金牌外贸业务员找客户 [M]. 北京：中国海关出版社，2008.

[5] 刁建东．跨境电子商务业务交流与沟通 [M]. 北京：中国商务出版社，2015.

[6] 恒盛杰电商资讯．电商淘金：打造完美网店客服 [M]. 北京：机械工业出版社，2015.

[7] 柯丽敏，王怀周．跨境电商基础、策略与实战 [M]. 北京：电子工业出版社，2016.

[8] 柯丽敏，洪方仁．跨境电商理论与实务 [M]. 北京：中国海关出版社，2016.

[9] 老 A 电商学院．淘宝网店金牌客服实战 [M]. 北京：人民邮电出版社，2015.

[10] 林海．网店客服 [M]. 北京：清华大学出版社，2014.

[11] 刘敏．跨境电子商务沟通与客服 [M]. 北京：电子工业出版社，2017.

[12] 刘裕．巧用外贸邮件拿订单 [M]. 北京：中国海关出版社，2013.

[13] 刘云．外贸技巧与邮件实战 [M]. 北京：中国海关出版社，2008.

[14] 帕特里克·海斯．外贸高手是这样炼成的 [M]. 刘欧，译．合肥：安徽人民出版社，2013.

[15] 盛湘君．跨境电商交际英语 [M]. 北京：外语教学与研究出版社，2016.

[16] 速卖通大学．跨境电商客服：阿里巴巴速卖通宝典 [M]. 北京：电子工业出版

社，2015.

[17] 速卖通大学．跨境电子商务：阿里巴巴速卖通宝典 [M]. 北京：电子工业出版社，2015.

[18] 汤兵勇，熊励．中国跨境电子商务发展报告 [M]. 北京：化学工业出版社，2016.

[19] 天下网商图媒体．图说电商：客户、客服和团队 [M]. 北京：电子工业出版社，2016.

[20] 淘宝大学．电商运营 [M]. 北京：电子工业出版社，2012.

[21] 外贸实用工具手册编委会．外贸实用工具手册 [M]. 北京：中国海关出版社，2009.

[22] 王慧．外贸英语谈判实战 [M]. 北京：中国海关出版社，2010.

[23] 毅冰．外贸高手客户成交技巧 [M]. 北京：中国海关出版社，2012.

[24] 易传识网络科技．跨境电商多平台运营 [M]. 北京：电子工业出版社，2015.

[25] 张彦欣．手把手教你做外贸 [M]. 北京：中国纺织出版社，2013.

[26] 赵莉．国际电子商务实战 [M]. 北京：清华大学出版社，2015.

[27] 中国国际贸易学会商务专业培训考试办公室．跨境电商英语教程 [M]. 北京：中国商务出版社，2015.

[28] 阿里巴巴国际站：https：//www. alibaba. com.

[29] 全球速卖通大学：https：//university. aliexpress. com.

[30] 雨果网：http：//www. cifnews. com.

[31] 中国国际电子商务网：http：//www. ec. com. cn/list/dsyj/dsbg/1/cateinfo. html.

图书在版编目（CIP）数据

跨境电商客服/韩雪主编．—北京：中国人民大学出版社，2018.10
跨境电子商务专业（方向）成果导向．行动学习系列教材
ISBN 978-7-300-25954-3

Ⅰ.①跨… Ⅱ.①韩… Ⅲ.①电子商务-商业服务-高等职业教材-教材 Ⅳ.①F713.36

中国版本图书馆 CIP 数据核字（2018）第 142426 号

普通高等职业教育“十三五”规划教材
跨境电子商务专业（方向）成果导向·行动学习系列教材
跨境电商客服
主　编　韩　雪
副主编　崔夷修　徐文瑞
Kuajing Dianshang Kefu

出版发行	中国人民大学出版社		
社　　址	北京中关村大街 31 号	**邮政编码**	100080
电　　话	010－62511242（总编室）		010－62511770（质管部）
	010－82501766（邮购部）		010－62514148（门市部）
	010－62515195（发行公司）		010－62515275（盗版举报）
网　　址	http://www.crup.com.cn		
	http://www.ttrnet.com(人大教研网)		
经　　销	新华书店		
印　　刷	涿州市星河印刷有限公司		
规　　格	185 mm×260 mm　16 开本	**版　　次**	2018 年 10 月第 1 版
印　　张	12.75	**印　　次**	2023 年 2 月第 2 次印刷
字　　数	240 000	**定　　价**	32.00 元